Kyffhäuserbund und Kyffhäuserdenkmal

Zum 100jährigen Jubiläum der
Einweihung des Kyffhäuserdenkmals
am 18. Juni 1996

Diana Maria Friz

Kyffhäuserbund und Kyffhäuserdenkmal

Zum 100jährigen Jubiläum der
Einweihung des Kyffhäuserdenkmals
am 18. Juni 1996

Ich widme dieses Buch meinem Vater, meinem Stiefvater
und meinen Onkeln Claus, Berthold, Harald und Eckbert,
die alle im Zweiten Weltkrieg an der Front standen.

Design: Claudia Tiffinger
Reproduktion: Bernd Hirschmeier
Korrektur: Karl Beer
Redaktion: Herbert Rudholz

ISBN 3–00–000659–1

Danksagung

Mein Dank gilt vor allem dem Präsidenten des Kyffhäuserbundes, Dieter Fischer, dem Vizepräsidentes des Bundes, Walter Rukopf, und den anderen Vorstandsmitgliedern, die mir bereitwillig Auskunft erteilt haben. Auch die Kyffhäuser-Geschäftsstelle, die Pressestelle und das Kyffhäuser Museum unter der Leitung von Günther Braun haben mir mit Rat und Tat zur Seite gestanden. Ebenso danke ich Frank-Roland Klaube vom Stadtarchiv Kassel, der Familie Heese, Walter Abée sowie Horst Jacobsmeyer und einer ganzen Reihe von Mitgliedern des Kyffhäuserbundes, die mir durch Briefe, Gespräche oder Bildmaterial weitergeholfen haben. Werner Waldmann danke ich für seine fachmännische Beratung. Für Hilfe bei der Literatur- und Bildrecherche danke ich Elisabeth Mayer zu Stieghorst-Kastrup und Birgit Blumenau herzlich. Einem Freund, der ungenannt bleiben möchte, danke ich ganz besonders für die kritische Durchsicht des Manuskripts, der ich zahlreiche wichtige Anregungen verdanke.

Inhaltsverzeichnis

Vorwort des Präsidenten des Kyffhäuserbundes, Dieter Fischer

1. Teil
Der Kyffhäuserbund: Entstehung und Geschichte

Einst und jetzt: warum gleiche Wörter Unterschiedliches bedeuten können 10

1786	Todesjahr Friedrichs des Großen und Geburtsjahr des Kyffhäuserbundes	12
1806	Jena und Auerstedt – das bittere Brot der Niederlage	16
1813–1815	Die Freiheitskriege	17
1864–1871	Das wilhelminische Kaiserreich entsteht	19
1871–1888	Die Nation wird geeint	22
1888–1900	Der Bau des Kyffhäuserdenkmals eint die Kriegerverbände	24
1900–1914	Für Kaiser und Reich	27
1914–1933	Die Reichswehr entsteht	30
1921–1930	Der große Aufschwung des Deutschen Reichskriegerbundes Kyffhäuser	32
1933–1945	Der Kyffhäuserbund und das Dritte Reich	38
1933	Das Jahr der Krise	41
1934–1937	Der Kampf ums Überleben	46
1938–1943	Unter Hitlers Kommando: der NS-Reichskriegerbund	50
1935–1939	Drei Reichskriegertage in Kassel	51
1943	Die Auflösung des NS-Reichskriegerbundes	57
1943–1945	Die Kyffhäuserstiftung auf dem Kyffhäuser	65
1945–1990	Der Kyffhäuser in der DDR	67
1952	Der Kyffhäuserbund gründet sich neu	68
1996	Der Kyffhäuserbund heute	71

2. Teil
Das Kyffhäuserdenkmal – Von der Idee bis zur Einweihung 1896

Fahnen und Kyffhäuserdenkmal: Symbole der Kriegervereinskultur **74**

1888	Der ideale Standort	78
1888–1896	Das Denkmal wird erbaut	81
1896	Die Einweihungsfeier wird vorbereitet	87
1896	Die Ansicht des Denkmals	91
1896	Eine logistische Meisterleistung	96
18. Juni 1896	Das Festprogramm	99
18. Juni 1896	Der Tag der Einweihung	101
1936	Das Schicksal das Hindenburgdenkmals auf dem Kyffhäuser	109
1936–1996	Veränderungen am Kyffhäuserdenkmal	112
1996	Kyffhäuserdenkmal und Kyffhäuserbund heute	115

Gedichte zum Kyffhäuserdenkmal **119**

Anmerkungen **135**

Zeittafel **136**

Verwendete Literatur **139**

Vorwort des Präsidenten des Kyffhäuserbundes, Dieter Fischer

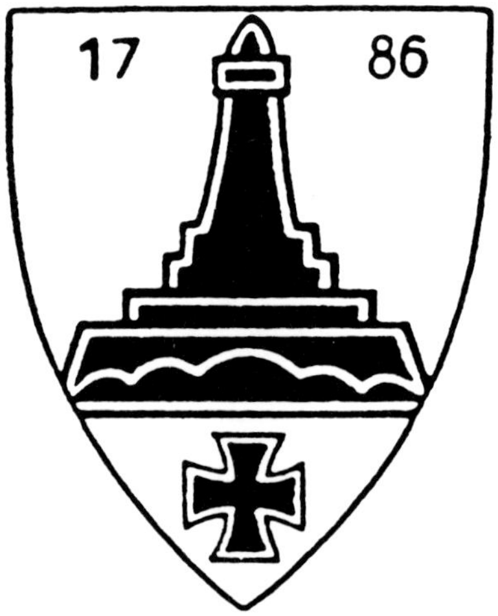

Das Emblem des Kyffhäuserbundes zeigt die Silhouette des Kyffhäuserdenkmals und darunter das Eiserne Kreuz. Die Jahreszahl 1786 bezieht sich auf das Gründungsjahr der Wangeriner Kameradschaft, der Keimzelle des Kyffhäuserbundes. ***(Kyffhäuserbund)***

Dieses Buch stellt die Geschichte des Kyffhäuserdenkmals und seines Erbauers, des Kyffhäuserbundes, dar. Es bemüht sich um eine objektive Sichtweise und versucht, historische Zusammenhänge richtig zu erkennen und dem Leser näherzubringen. Der Leser blickt wie durch ein Fenster in die Zeit zurück, als der Kyffhäuserbund sich entschloß, das Denkmal zu errichten.

Das Kyffhäuserdenkmal war das erste große gemeinsame Werk aller deutschen Kriegsteilnehmer aus den Jahren vor 1888. Sie stammten aus unterschiedlichen deutschen Bundesländern, die jeweils eigene Armeen hatten. Das Denkmal wurde zu einem Wahrzeichen der Einheit und somit zum Symbol des Kyffhäuserbundes. Beides ist es bis heute geblieben.

Die Mitglieder des Kyffhäuserbundes waren damals wie heute Kinder ihrer Zeit und Teil der Gesellschaft, zu der sie gehörten. Und sie waren Diener ihres jeweiligen Staates, zu dem sie – wie es dem Soldatenstande eigen ist – in einem besonderen Treueverhältnis standen.

Aus der harten Fronterfahrung heraus entwickelten sie eine beachtliche soziale Eigeninitiative. Sie bauten eine erfolgreiche, vorbildliche Wohlfahrtseinrichtung auf. Ihre soziale Gesinnung drückte sich in dem schlichten Wort „Kameradschaft“ aus. Was das bedeutet, läßt sich durch Fahnen, Feste und historische Fotos allein nicht anschaulich machen, das eigene Erleben gehört dazu.

Das Schicksal des Kyffhäuserbundes im Dritten Reich läßt sich beschreiben als ein Wandeln auf dem schmalen Grat zwischen Anpassung und Auflösung, wie er in dieser Zeit typisch war für alle großen Organisationen. 1938 unterstellte sich Hitler als Oberbefehlshaber der Wehrmacht auch den Reichskriegerbund Kyffhäuser. Der direkte Oberbefehl des Führers entmachtete den Vorstand. Trotzdem war der Bund keine Parteiorganisation. Am 3. März 1943 wurde er von Hitler aufgelöst.

Seit 1953 hat sich der Kyffhäuserbund als demokratischer Volksbund neu formiert. Die Pflege der Kameradschaft, Hilfe für Bedürftige und der Dienst am Gemeinwohl sind bereits seit 1786 wichtige Aufgaben. Dazu kommt die Aussöhnung mit den ehemaligen Kriegsgegnern und der Beitrag des Bundes zur Völkerverständigung der Nachkriegszeit. Die Zusammenarbeit mit befreundeten Verbänden und Organisationen aus ganz Europa sind nicht erst seit dem Zweiten Weltkrieg für den Bund selbstverständlich.

Der Kyffhäuserbund bekennt sich – gerade aus der Erfahrung seiner Geschichte heraus – zur Pflege des Soldatentums im Rahmen der freiheitlich demokratischen Grundordnung der Bundesrepublik Deutschland. Er bekennt sich damit ausdrücklich zum Grundgesetz und zur freiheitlichen Demokratie.

1. Teil
Der Kyffhäuserbund: Entstehung und Geschichte (1786–1996)

1996:
Einst und jetzt – Warum gleiche Wörter Unterschiedliches bedeuten können

Die Geschichte und die Geschichten, die sich um das Kyffhäuserdenkmal und den Kyffhäuserbund ranken, sind vielfältig, mißverständlich und erklärungsbedürftig. So mißverständlich und erklärungsbedürftig wie die Werte und Worte, die den Kern des sogenannten „Kyffhäusergeistes“ bilden.

Nehmen wir als Beispiel den Begriff „Soldatentum“. Er hat heute in der Bundesrepublik eine ganz andere Bedeutung als beispielsweise zu Zeiten Friedrichs des Großen. Der Soldat in der Bundesrepublik ist der Verfassung verpflichtet, der Soldat Friedrichs des Großen hingegen hatte ausschließlich seinem König die Treue zu halten und zu gehorchen. Der Soldat in der Bundesrepublik ist ein wehrpflichtiger Bürger in Uniform, der Soldat Friedrichs des Großen war Berufssoldat und oftmals ein ausländischer Söldner. Das Wort ist gleich geblieben, die Bedeutung hat sich gewandelt.

Ähnliches gilt für den Begriff „Patriotismus“. Seine Bedeutung kann nur verstanden werden aus dem Zusammenhang heraus, in dem er benutzt wird. Ein deutscher Patriot in den Frei-

heitskriegen hatte vollkommen andere Vorstellungen von einem geeinten Deutschland als ein Patriot in Kaiser Wilhelms kleindeutschem, zutiefst preußisch geprägtem Kaiserreich. Heute, in den 90er Jahren, kommt das Wort wieder in Gebrauch. Was es uns heute wirklich bedeutet, worauf es sich bezieht – das alles ist noch offen, noch schwammig, noch nicht klar definiert von den Politikern, die es wieder gern gebrauchen.

Am schlimmsten ist es dem Begriff „Vaterland" ergangen. Aus dem ursprünglich kulturell geprägten Wort wurde ein Kampfwort, das die Nationalsozialisten so sehr mißbrauchten, daß es in der Bundesrepublik zu einem Unwort wurde. Je nach Herkunft und Wissen verstehen zwei Bundesbürger, wenn sie „Vaterland" sagen, heute darunter zwei völlig unterschiedliche Dinge.

Es wäre deshalb nötig zu sagen, was gemeint ist, wenn eines der geschichtlich so verschieden geprägten Wörter benutzt wird. Das ist im Rahmen dieses Buches, das die Geschichte des Kyffhäuserbundes und des Denkmals erzählt, ohne Anspruch auf Wissenschaftlichkeit zu erheben, im Detail nicht möglich, weil es den vorgegebenen Rahmen sprengen würde. Der Leser wird deshalb gebeten, vor allem bei den Zitaten zu bedenken, daß geschichts- und emotionsgeladene Begriffe aus der Zeit, in der sie entstanden, verstanden werden müssen.

Die Politisierung, die Begriffe wie „Nation, Vaterland, Kameradschaft, Helden- und Soldatentum" in unserem Jahrhundert erfahren haben, sollte dem Leser nicht den Blick verstellen auf den wechselnden Sinn, der ihnen im Laufe des hier beschriebenen Zeitraums gegeben wurde. Dies bedenkend wird der Leser in der Lage sein, vor allem die zahlreichen Zitate vorurteilsfrei und im Zusammenhang mit der geschichtlichen Epoche, in der sie entstanden, zu lesen und zu verstehen.

Originalfahne des Füsilierregiments von Brünning. Im Vordergrund sind die Trommel und die Gründungsakte der Schützenkameradschaft Wangerin zu sehen. ***(Kyffhäuserbund)***

Da die Originalfahne der Wangeriner Kameradschaft verlorengegangen ist, wurde sie nachgebildet. Sie ist heute die Traditionsfahne des Kyffhäuserbundes. ***(Kyffhäuserbund)***

1786
Todesjahr Friedrichs des Großen und Geburtsjahr des Kyffhäuserbundes

1786 starb Friedrich der Große. Sein Todesjahr war das Geburtsjahr des Kyffhäuserbundes, denn nur zwei Monate vor seinem Tod hatte der preußische König 40 ehemaligen Soldaten den Consens zu einem kameradschaftlichen Zusammenschluß erteilt. Zwei Jahre zuvor waren zwölf ehemalige Füsiliere des Infanterieregiments 36 des Generalmajors von Brünning aus Wangerin, einer kleinen Stadt in Pommern, nach Brandenburg an der Havel marschiert. Sie waren beim Chef des Regiments vorstellig geworden mit der Bitte, an allerhöchster Stelle die Erlaubnis zu erwirken, in ihrer Heimatstadt eine Schützenbruderschaft gründen zu dürfen.

Der König hatte nicht nur zugestimmt, sondern ihnen darüber hinaus eine Fahne ihres ehemaligen Regiments verliehen und die Erlaubnis, diese mit dem königlichem Wappen zu führen. Dieses genehmigte Gesuch einer kleinen Gruppe von ausgedienten Soldaten – Veteranen, wie wir sie heute nennen würden – gilt als die Keimzelle des Kyffhäuserbundes. Die Grundsätze und Statuten der Militärischen Schützenbruderschaft Wangerin behielten ihre Geltung dem Sinne nach bis heute.

„Eine gute Ordnung“[1] wollten die Wangeriner Füsiliere unter sich aufrichten, kameradschaftlich füreinander einstehen und vor allem die aus den Kriegen heimgekehrten Verwundeten und Verkrüppelten betreuen. Denn der Preußische Staat kümmerte sich wenig um die Opfer seiner Kriege. Viele ausgediente Soldaten litten finanzielle und menschliche Not. Auch die Witwen und Waisen der Gefallenen fielen oft ins Elend, ein Elend, das so groß sein konnte, daß nicht einmal genug Geld vorhanden war für ein ordentliches Begräbnis. Das ehrenvolle soldatische Begräbnis zu sichern war deshalb ein anderes wichtiges Ziel, das sich die Füsiliere setzten.

Von Wangerin an dabei war auch der Wunsch, soldatische Kameradschaft und soldatische Tugenden im Frieden zu üben und zu bewahren. Dazu gehörte, „mit dem Gewehr alle Jahre nach der Scheibe zu schießen“ und so die Augen scharf, die Hände sicher und den Geist soldatisch zu erhalten, wie es in den Statuten heißt.[2] Auch diese Tradition hat sich bis zum heutigen Tage als wesentlicher Bestandteil des Kyffhäuserbundes erhalten.

Die militärische Schützenbruderschaft muß sich gut entwickelt haben, denn zwei Jahre nach ihrer Gründung plante sie offensichtlich, Räume für ihre Tätigkeit zu erwerben. Jedenfalls erhielt die Bruderschaft ein allerhöchstes Geschenk König Friedrich Wilhelms II. in Höhe von 800 Reichstalern zum Ankauf eines Grundstücks in Wangerin. Das heißt, sie erhielt die Ankündigung des Geschenks samt einem Brief mit strengen Statuten, die der König befolgt sehen wollte. Bemerkenswert an ihnen ist der moralische Anspruch, dem die Füsiliere der Bruderschaft unterliegen sollten:

Der Stich von Adolph Menzel zeigt einen Unteroffizier des Füsilierregiments von Brünning. Zwölf Füsiliere dieses Regiments bildeten die Gründungskameradschaft des Kyffhäuserbundes, die Schützenkameradschaft Wangerin.
(Friese & Lacina, Nachdrucke bibliophiler Raritäten)

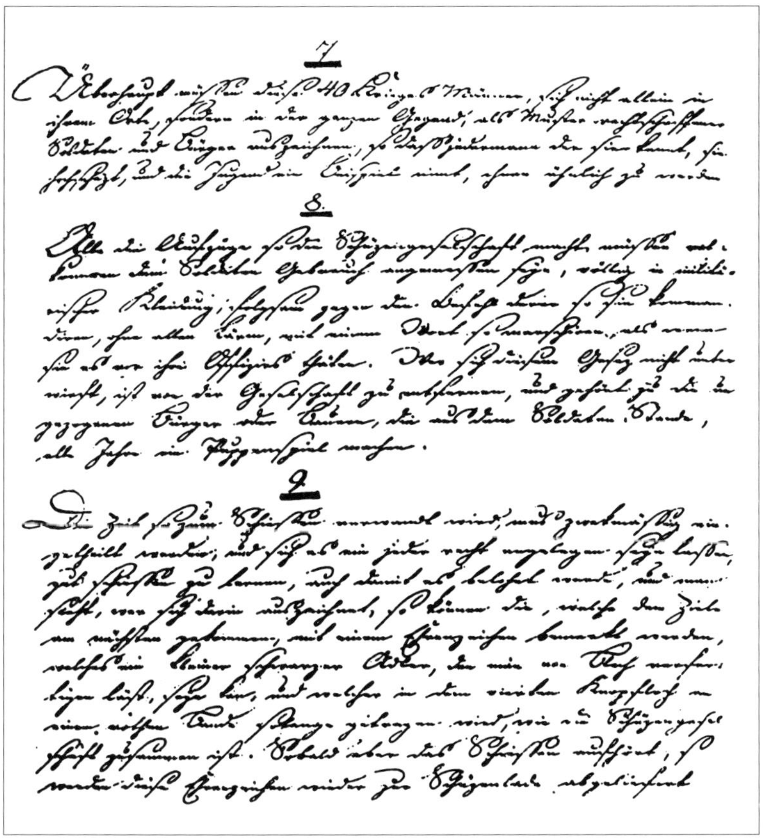

Auszug aus den Satzungen der Wangeriner Kameradschaft von 1786. Das ehrenvolle Begräbnis ausgedienter Soldaten, das Sportschießen und die Fürsorge für die Kameraden und deren Familie sind seit dieser Zeit fester Bestandteil der Arbeit des Kyffhäuserbundes.
(Kyffhäuserbund)

Die Völkerschlacht bei Leipzig vom 16. bis 19. Oktober 1813 beendete die Vorherrschaft Kaiser Napoleons über Europa. Auf seinem Rückzug durchquerten Napoleon und seine Truppen die Leipziger Innenstadt. ***(Stadtarchiv Leipzig)***

„Wenn einer von ihnen durch eine niederträchtige Handlung straffällig wird, so ist derselbe gleich aus der Bruderschaft auszustoßen. Überhaupt müssen diese 40 Kriegsmänner sich nicht allein in ihrem Ort, sondern in der ganzen Gegend als Muster rechtschaffener Soldaten und Bürger auszeichnen, so daß jedermann, der sie kennt, sie hochschätzt und die Jugend ein Beispiel nimmt, ihnen ähnlich zu werden.“[3]

Die Bruderschaft änderte ihre Statuten, aber das angekündigte Geldgeschenk traf erst 98 Jahre später in der Vereinskasse ein. Dann erst – anläßlich der 100-Jahr-Feier – löste Kaiser Wilhelm I. die Schuld seines Vorfahren gegenüber den Wangerinern Füsilieren ein.

1806
Jena und Auerstedt
– das bittere Brot der Niederlage

In den 20 Jahren, die zwischen Friedrichs Tod 1786 und den Schlachten von Jena und Auerstedt 1806 lagen, verfiel die preußische Armee. Das ungeschickte und zögerliche Taktieren des preußischen Königs Friedrich Wilhelm III. gegenüber Napoleon und seine dilettantische Kriegführung führten zum Untergang Preußens und seiner einst ruhmvollen Armee. In den Jahren seiner tiefsten Not fand Preußen aber die Kraft für die überfälligen Reformen, die es in den Jahren vorher versäumt hatte. Es wurden Reformen von oben. Für den Bereich der Politik und öffentlichen Verwaltung soll hier stellvertretend an Stein und Hardenberg erinnert werden. Im militärischen Bereich leisteten Männer wie Scharnhorst, Clausewitz und Gneisenau die Arbeit, die zu dem erfolgreichen Aufstand Preußens gegen Napoleon führen sollte. Die militärische Reformarbeit von oben fand ihren Höhepunkt in der berühmten Landwehr-Verordnung vom 17. März 1813. Alle Männer zwischen 17 und 40 Jahren wurden eingezogen. Die organisatorische Meisterleistung, die Landwehr mit der preußischen Armee zu einem schlagkräftigen Kriegsheer zu verschmelzen, war die Voraussetzung für das Gelingen des preußischen Aufstands gegen Napoleon.

1813–1815
Die Freiheitskriege

In den Jahren 1813–1815 beendete Preußen im Bündnis mit Rußland, England, Österreich und Schweden die Vorherrschaft Napoleons I. über Europa. 1813 wurde er in der Völkerschlacht bei Leipzig vernichtend geschlagen. Die Namen Blücher und Gneisenau werden für die preußische Armee zum Siegeszeichen und die Schlacht bei Waterloo oder Belle-Alliance am 18. Juni 1815 zum symbolischen Datum, an das man später, anläßlich der Einweihungsfeier des Kyffhäuserdenkmals am 18. Juni 1896, wieder anknüpfte. Die Befreiungskriege, wie diese Kämpfe von nun an genannt wurden, waren die Initialzündung des deutschen Nationalgefühls. In den gemeinsamen Kämpfen gegen Napoleon I. fanden sich die deutschen Staaten zusammen und entwickelten das Gefühl für ein Deutschland, das es politisch noch gar nicht gab, das aber als kulturelle Einheit entstanden war.

In den ersten Jahren des 19. Jahrhunderts entwickelte sich das Kriegervereinswesen aus zaghaften Anfängen vor allem nach der

Wilhelm Camphausen (1876): „Der Siegeszug Kaiser Wilhelms I. in Berlin am 18. Juni 1871". Auf einem weißen Schlachtroß reitet der Kaiser in Berlin ein und feiert seinen Sieg gegen Frankreich. An dieses Ereignis erinnert das Datum der Einweihung des Kyffhäuserdenkmals am 18. Juni 1896.
(Rainer Schoch: Das Herrscherbild in der Malerei des 19. Jahrhunderts. München: Prestel 1975)

Einführung der allgemeinen Wehrpflicht in Preußen (1840) zu einer beachtenswerten Gruppe. Mitglied eines Kriegervereins konnte nur werden, wer ehemaliger Frontsoldat war. Denn das war allen Vereinen gemeinsam: Ihr wichtigster materieller Zweck war die Unterstützung der Veteranen und ihrer Angehörigen. Ihr wichtigster ideeller Zweck war, ihrem Kampf an der Front einen Sinn zu geben und die soldatischen Werte auch im Frieden zu pflegen.

Insofern waren die Kriegervereine nicht Teil der Armee. Aber natürlich brachten die ehemaligen Frontsoldaten das Selbstgefühl der Armee aus ihrer aktiven Dienstzeit mit in den Veteranenverein. Der König war oberster Dienstherr der Armee, ihm schwur der Soldat Treue und Gehorsam, für ihn zog er in den Krieg. Er war es 1842 dann auch, der die Kriegervereine in Preußen sozusagen amtlich anerkannte, indem er am 22. Februar eine Kabinettsordre erließ, die die Rechte der Kriegervereine an den Beerdigungen verstorbener Kameraden festlegte. Die Kriegervereine durften ihren ehemaligen Kameraden Trauergarden stellen und drei Salven als Ehrengruß über das Grab feuern. Viele Kriegervereine, die sich jetzt gründeten, übernahmen diese Aufgabe in ihren Namen und nannten sich „Militär-Begräbnis-Verein“.

Einen Eindruck des Deutsch-Französischen Kriegs 1870/1871 vermittelt diese frühe Fotografie aus dem Jahre 1870. Die Schlachten um Metz fanden am 14. August (bei Colombey-Nouilly), am 16. August (bei Vionville) und am 18. August 1870 (bei Gravelotte) statt. ***(AKG, Berlin)***

Auch in anderen deutschen Ländern wurden Kriegervereine gegründet, meist ebenfalls im Zuge der Einführung der allgemeinen Wehrpflicht. Vorläufig kam es jedoch nur vereinzelt und manchmal auch nur kurzfristig zu Zusammenschlüssen mehrerer Kriegervereine zu einem Verband.

1864/66 und 1870/71 Das wilhelminische Kaiserreich entsteht

Die einzelnen Stationen, die bis 1871, der Gründung des Deutschen Reiches unter Kaiser Wilhelm I., noch zu durchlaufen waren, können hier nicht dargestellt werden. Festzuhalten bleibt aber, daß die preußische Armee zum politischen Zankapfel wurde zwischen dem preußischen König und starken Kräften im Parlament. Noch ganz im absolutistischen Denken des 18. Jahrhunderts verhaftet, sahen der preußische König und die ihn unterstützenden politischen Kräfte die Armee als ein Werkzeug gegenüber den Feinden von außen an. Dabei war natürlich sowohl an die Verteidigung wie an den Angriff gedacht. Die demokratische

Opposition aber erkannte die Gefahr, daß eine ihrer politischen Kontrolle entzogene Armee auch gegen unliebsame Kräfte im Inneren eingesetzt werden konnte. Aber die Demokraten konnten sich nach der gescheiterten 1848er Revolution nicht durchsetzen. Letztendlich siegte der Monarch – mit Bismarcks Hilfe. Unterschwellig schwelte der Konflikt, der sich aus dem Mißtrauen starker Kräfte des Parlaments gegenüber der Armee speiste, weiter, um sich dann im Ersten Weltkrieg neu zu entzünden.

Für die Soldaten blieb alles, wie es vorher gewesen war: Der oberste Kriegsherr war der König, später dann der deutsche Kaiser. Seinem Befehl allein unterstanden sie. Die preußische und später die deutsche Armee waren – das muß eindeutig festgehalten werden – auf die Person ihres obersten Kriegsherrn fixiert. An ihm waren sie orientiert, nicht an der Verfassung, die 1850 endlich geschaffen wurde. Die Armee war eine Armee des Königs und des Kaisers, die Reichswehr eine Armee der Regierung, nicht des Volkes. Dieser Denkstruktur verhaftet waren auch die Veteranen, die nun in immer wachsender Zahl eine Vielzahl von neuen Kriegervereinen in allen deutschen Ländern schufen.

Die Einigungskriege brachten Bewegung in die Kriegervereine, die sich bis jetzt ausschließlich aus ausgedienten Frontsoldaten rekrutiert hatten, also Soldaten, die an einem Krieg teilgenommen hatten. Das hätte aber letzten Endes das Aussterben der Vereine in Friedenszeiten bedeutet. Deshalb wurde nach dem 70/71er Krieg dieses Prinzip durchbrochen. Viele Kriegervereine nahmen nun jeden jungen Deutschen auf, der seine Dienstzeit in Ehren absolviert hatte, auch wenn er nicht an der Front gekämpft hatte.

Auch nach diesem Krieg gab es wieder die alten Probleme: die finanzielle und wirtschaftliche Not der ehemaligen Frontkämpfer, die von den Kriegervereinen im Rahmen ihrer finanziellen Möglichkeiten, so gut es ging, gelindert wurde.

Aber auch die nationale Begeisterung, die den Deutsch-Französischen Krieg getragen hatte und letztlich zur Reichsgründung führte, fand ihren Raum in den Kriegervereinen. Und natürlich waren die politischen Gegner ihres Königs auch die Ihren. Diese Haltung bildete keinen Widerspruch zu dem Vereinsziel der Über-

Erinnerungsfoto von Kyffhäuser-kameraden an den Krieg 1870/71 ***(Kyffhäusermuseum)***

Anton von Werner (1885): „Die Proklamierung des Deutschen Kaiserreiches am 17. Januar 1871.“ Links auf dem Podest steht in der Mitte Kaiser Wilhelm I. mit weißem Bart. Zu seiner Linken hebt der Großherzog von Baden seine Hand zur Kaiserproklamation. Rechts vom Kaiser steht Kronprinz Friedrich Wilhelm. Unterhalb des Podests bildet Fürst Otto von Bismarck in weißer Uniform den Mittelpunkt. Rechts neben ihm ist General Moltke und hinter den Stufen des Podests Kriegsminister Roon zu sehen.

(Anton von Werner. Geschichte in Bildern. Ausstellungskatalog 1993)

parteilichkeit. Die Sozialdemokratie wurde abgelehnt, weil sie die Struktur der am obersten Kriegsherr ausgerichteten Armee anzweifelte und damit am Fundament des eigenen Selbstverständnisses grub. Die Veteranen der Einigungskriege waren Patrioten, wie ihre Großväter vor ihnen in den Befreiungskriegen. Ihr Patriotismus allerdings richtete sich auf die kleindeutsche, preußisch geprägte Lösung der Deutschlandfrage, während ihre Großväter sich nach einem Deutschland gesehnt hatten, das auch territorial so sein sollte wie das 1806 untergegangene Heilige Römische Reich Deutscher Nation.

Der Wunsch der Krieger von 1870/71 erfüllte sich, als am 18. Januar 1871 Kaiser Wilhelm I. im Spiegelsaal von Versailles zum deutschen Kaiser ausgerufen wurde. Das war die Geburtsstunde des Zweiten Deutschen Kaiserreichs.

1871–1888
Die Nation wird geeint

Es war schwer genug gewesen, unter Preußens Führung das zweite Deutsche Kaiserreich zu errichten. Es zu einer Einheit zusammenzuschmieden, erwies sich als noch schwieriger. Zum einen murrten und meuterten die deutschen Länder gegen die Beschneidung ihrer Unabhängigkeit. Dazu kamen die Gegensätze der verschiedenen deutschen Fürstentümer untereinander und in ihrem Verhältnis zu Preußen. Diesen auseinanderstrebenden Kräften entgegenzuwirken und ein einheitliches Gefühl für die deutsche Nation zu entwikkeln, war deshalb erklärtes Ziel Bismarckscher Innenpolitik.

Bismarcksche Politik war immer eine Politik, die in militärischen Dimensionen dachte. Die wilhelminische Gesellschaft war auch in ihrem zivilen Bereich von soldatischen Strukturen geprägt: sei es in der Schule, bei der Arbeit im Büro oder Betrieb oder in der ebenfalls hierarchisch strukturierten Familie: Immer gab es ein klares Oben und Unten, eine Trennung von Befehlendem und Befehlsempfänger. In dieser Gesellschaft war das Militär der Hüter der monarchischen Staats- und Gesellschaftsordnung, es stand für Christentum, Monarchie und Staatserhalt, es stand aber auch für ein System, das als Gegenstück zur kaiserlichen Macht den angepaßten Untertan geschaffen hatte.

Bereits 1871 gab Kaiser Wilhelm I. die Anregung, die deutschen Kriegervereine zu einigen[4] und damit vor allem ihre soziale Arbeit zu bündeln und zu stärken. Aber nur 40 Vereine schlossen sich 1872 zum Deutschen Kriegerbund zusammen. Die erhoffte Ausweitung auf die überwiegende Mehrzahl der nicht dem Bund angeschlossenen Kriegervereine gelang nicht. Statt dessen entstanden eigene, bundesstaatlich begrenzte Landesverbände, die 30 Jahre lang der Idee, einen Reichskriegerverband zu schaffen, erbittert und erfolgreich Widerstand leisteten.

Es bedurfte eines Wunders, diese Kräfte zu bündeln. Und es bedurfte eines Mannes, der das tat. Er fand sich in Dr. Alfred Westphal, dem ersten Schriftführer des Deutschen Kriegerbundes. Er erkannte, daß nur ein gemeinsames Projekt, eine gemeinsame

Luftaufnahme des Kaiser-Wilhelm-Denkmals auf dem Kyffhäuser aus dem Jahre 1936. Deutlich erkennbar ist die schiffsförmige Anhöhe, die an drei Seiten steil abfällt. Im Hintergrund sind die Reste der mittelalterlichen Burg mit dem Barbarossaturm zu sehen, in die hinein das Denkmal gebaut wurde. Links zu Füßen des Denkmals sieht man die Hotel- und Wirtschaftsbauten, die vom Kyffhäuserbund erbaut wurden.
(Ullstein Bilderdienst)

Idee das Trennende besiegen konnte. Diese gemeinsame Idee wurde der Bau des Kyffhäuser-Denkmals auf dem Kyffhäuser-Berg. Das Denkmal verkörperte die zu Stein gewordene Idee eines reichsweiten Kriegerbundes. Als es eingeweiht wurde, waren auch die auseinanderstrebenden Kräfte der Landesverbände geeint und miteinander versöhnt.

1888–1900
Der Bau des Kyffhäuserdenkmals eint die Kriegerverbände

Am 9. März 1888 starb Kaiser Wilhelm I. Wenige Tage darauf wurde vom 1. Schriftführer im Deutschen Kriegerbund, Geheimrat Westphal, der Antrag gestellt, dem Verstorbenen ein Denkmal zu bauen. Westphal schlug vor, dieses Denkmal auf dem Kyffhäuser zu errichten. Er appellierte damit an jene im deutschen Volk geisternde Sage, nach der Rotbart, der alte Kaiser Friedrich, im Kyffhäuser schlummerte, bis ihm die Raben die Kunde brächten von der wiedererlangten deutschen Einigkeit. Unter Wilhelm I. war das neue Deutsche Reich gegründet worden; der Weißbart hatte, so deutete Westphal, den Rotbart erlöst.[5] Kurz und bündig faßte Westphal seine Ansicht zusammen: „Der lebende Kaiser hat die deutschen Kriegerverbände nicht vereinigen können – vielleicht vermag es die Pflicht der Pietät gegen den toten."[6]

Der Antrag Westphals wurde angenommen. Man setzte einen Bauausschuß des Denkmals ein. Er konnte sich schon 1892 Ständiger Bauausschuß der vereinten deutschen Kriegerverbände für die Verwaltung des Kaiser-Wilhelm-Denkmals auf dem Kyffhäuser nennen. Der preußische Kriegerlandesverband vertrat sich selbständig im Bauausschuß. Aber auch die anderen bundesstaatlichen Vereine wollten vertreten sein, und so kam es 1900 zur Umbenennung des Bauauschusses in Kyffhäuserbund der deutschen Kriegerlandesverbände.[7]

So war eine Lösung gefunden, und die Einheit unter dem Dach des Denkmals vollendet worden. Der Kyffhäuserbund übernahm die Kontrolle über das Kriegervereinswesen. Der ehemals konkurrierende Deutsche Kriegerbund löste sich auf und behielt nur sein karitatives Erbe. Es wurde 1881 unter dem Namen Deutsche Krieger-Wohlfahrts-Gemeinschaft zusammengefaßt und zentralisierte unter seinem Dach die vielfältigen sozialen Tätigkeiten der einzelnen Landesverbände.

Dieses soziale Hilfswerk des Bundes konnte auf eine beeindruckende Sozialbilanz verweisen: Allein die Wohlfahrtseinrichtungen des preußischen Landeskriegerverbandes erbrachten in der Zeit von 1873 bis 1932 eine Summe von insgesamt 150 Millionen Mark. Im gleichen Zeitraum brachten die übrigen Landesverbände rund 100 Millionen Mark auf.

Die zündende Idee eines Veteranen hatte große Folgen: „Parole“, die Zeitschrift des Kriegerbundes, veröffentlichte am 6. August 1882 seinen Aufruf, Geld für ein Kriegerwaisenhaus zu sammeln. Über die Art der Finanzierung hatte der alte Soldat sich Gedanken gemacht: „...wenn jeder Verein aus seiner Kasse zehn Pfennig pro Kopf der Mitgliederzahl an den Verbands- oder Bezirksvorstand zahlt..., wenn jeder Verein alljährlich am Sedan-Tage unter den Kameraden eine Sammlung veranstaltet und außerdem die letzteren sich verpflichten, in jeder Versammlung von jedem Glase Bier, das getrunken wird, einen Pfennig in eine Sammelbüchse zur Erhaltung des Kriegerwaisenhauses zu zahlen, so müßte diese Idee verwirklicht werden ... Solche Waisenhäuser

Diese Anzeigen erschienen in der „Parole. Jahrbuch des Deutschen Kriegerbundes für 1913.“ *(Kyffhäuserbund)*

Die unter dem Protektorate Ihrer Majestät der Kaiserin und Königin und Ihrer Kaiserlichen und Königlichen Hoheit der Frau Kronprinzessin stehenden

Waisenhäuser des Deutschen Kriegerbundes

gehören zu den Wohlfahrtseinrichtungen, an denen die ehemaligen Soldaten durch den Beitritt zu einem Kriegervereine ohne weiteres teilhaben. Die gegenwärtig bestehenden 3 evangelischen und 2 katholischen Waisenhäuser haben seit ihrem Bestehen schon viele Hunderte von Waisen gestorbener Kameraden, die sonst vielleicht elend zugrunde gegangen wären, zu brauchbaren Menschen erzogen. **Die 5 Waisenhäuser des Deutschen Kriegerbundes ersetzen 550 Kindern gestorbener Kameraden das Elternhaus.** Die Waisenkinder werden bis zur Schulentlassung im Waisenhause verpflegt und erzogen und dann bei bewährten Lehrmeistern oder bei als zuverlässig bekannten Familien untergebracht und dort überwacht. Besonders begabten Waisenhauszöglingen werden auch die Mittel zur Ausbildung für einen besseren Beruf gewährt.

Die Kosten der Waisenpflege werden zum weitaus größten Teile von der **Fechtanstalt des Deutschen Kriegerbundes** durch Geldsammlungen, Verkauf von Sammelgegenständen (Stanniol, Zigarrenabschnitten, Zigarrenbändern usw.) und Ansichtspostkarten innerhalb und außerhalb der Kriegervereine aufgebracht.

Schon diese kameradschaftliche Fürsorge allein sollte den jungen Kameraden die Aufnahme in einen Kriegerverein erstrebenswert machen.

Spendenaufruf für die Waisenhäuser des Deutschen Kriegerbundes Kyffhäuser in der „Parole. Jahrbuch des Deutschen Kriegerbundes für 1913.“ *(Kyffhäuserbund)*

werden die schönsten Denksteine sein für Deutschlands Kriegervereine. Dieselben werden den Vereinen einen dauernden Bestand sichern.“[8]

Der Aufruf hatte Erfolg und war der Grundstein für die Stiftung des ersten Kriegerwaisenheims. Bereits 1884 konnte das Heim Glücksburg in Römhild, Thüringen, eröffnet werden. 50 000 Mark hatte das Kronprinzenpaar, das spätere Kaiserpaar Friedrich III. und Viktoria, gestiftet, weitere 14 000 Mark der Bund aufgewendet.

40 Jahre später, im Jahre 1934, verfügte die Kriegerwohlfahrtsgemeinschaft über fünf Waisenhäuser mit einem jährlichen Etat

von 400 000 Mark. Diesen Etat zusammen zu sammeln war schwer. Deshalb wurde mit der Eröffnung des ersten Waisenheims die Deutsche Kriegerfechtanstalt gegründet, deren Name nicht etwa vom Fechtsport herrührt, sondern von der mittelalterlichen Bezeichnung „fechten". Der Brockhaus erklärt dieses Wort mit „betteln nach Handwerksburschenart". Die Handwerksburschen gingen damals von Haus zu Haus, klopften an und sammelten, was sie nur bekommen konnten: Geld, Hausrat, Tabakreste und vieles mehr. Diese Art des Sammelns war nun zur erfolgreichen Grundlage der Finanzierung der Kriegerwaisenheime geworden.

1900–1914
Für Kaiser und Reich

Nichts eint eine große Gemeinschaft mehr als ein gemeinsames Ideal und ein gemeinsamer Feind. Beides hatte Geheimrat Westphal den Mitgliedern des Kyffhäuserbundes geliefert. Das nationale Ideal, das sich im Wahlspruch „Für Kaiser und Reich" auch am Kyffhäuserdenkmal wiederfindet, war sichtbar geworden im Denkmal selbst. Und den gemeinsamen Feind hatte Westphal bereits 1888 ausgemacht: die Sozialdemokratie. Sie schien alles zu bedrohen, was ihm heilig war: Nation und Monarchie.

Es ist wichtig, sich klarzumachen, daß der Begriff Sozialdemokratie vor 1914 eine andere Bedeutung hatte als heute. Die überwiegende Mehrheit des wilhelminischen Bürgertums empfand ihre Ziele als Bedrohung. Der Wunsch nach Demokratie bedrohte die Monarchie und die angeforderten sozialen Reformen schienen die für das Bürgertum so erfolgreiche wirtschaftliche Struktur zu gefährden. Am unheimlichsten aber waren Begriffe wie Internationalismus, Anarchie und Pazifismus, die sich mit den Sozialisten in Verbindung bringen ließen und die so zu dem von Bismarck propagierten Zerrbild der Sozialdemokratie beitrugen.

Eine vom Bundesvorstand des Deutschen Kriegerbundes im Jahre 1888 herausgegebene, von Westphal verfaßte Schrift, „Das Deutsche Kriegervereinswesen", fordert, daß ehemalige Soldaten, die sich zur Sozialdemokratie geschlagen hätten, als ihrem Fahnen-

Schnappschüsse aus dem Kyffhäusererholungsheim Schloß Rathsfeld. Es liegt nahe dem Kyffhäuserdenkmal und diente bis 1945 als Kriegererholungsheim des Kyffhäuserbundes.
(Schulz-Luckau: Soldatentum und Kameradschaft. 1936)

Adolph Menzel (1871): Reichskanzler Otto von Bismarck. Der Reichskanzler steht hinter seinem Schreibtisch und trägt als einzige Auszeichnung das Eiserne Kreuz, das bis heute ein Wahrzeichen des Kyffhäuserbundes ist. ***(Neues Palais, Sanssouci)***

eide untreu und daher als unwürdig zu betrachten seien, den Kriegervereinen anzugehören.[9] Mit dieser Meinung vertrat Westphal exakt die Meinung von Kaiser und Kanzler und der überwiegenden Mehrheit der wilhelminischen Zeitgenossen. Es wundert also nicht, daß Kaiser Wilhelm II. das Ehrenprotektorat des Bundes übernahm. Kanzler Bismarck war dem Bund bereits 1888 als Ehrenmitglied beigetreten und verfolgte wohlwollend seine Entwicklung.

„Wir wissen, daß die Kriegervereine entstanden sind mit dem Ziel der Pflege der Kameradschaft und des nationalen Gedankenguts. Aus dieser Grundeinstellung ergab sich von selbst die Gegnerschaft zur Sozialdemokratie. Sie hatte also ihren Ausgang nicht im parteipolitischen Zweck, sondern entstand zwangsläufig aus dem Ideengut der Kriegervereine“[10], betont der offizielle Kyffhäuser-Chronist. Die Ablehnung der Sozialdemokratie als Gefahr für die Nation ist auch Inhalt einer Erklärung, die der Kyffhäuserbund 1901 veröffentlichte: „Niemand kann Mitglied eines Kriegervereins sein oder bleiben, der die Sozialdemokratie unterstützt oder einer noch schärferen Tonart des Umsturzes angehört.“[11]

Heute ist bekannt, daß es ein typisches Kriterium Bismarckscher Politik war, die ihm politisch fernstehenden Kräfte gezielt gegeneinander auszuspielen. Dies geschah unter anderem durch die Brandmarkung des Zentrums und der Sozialdemokratie als ultramontane, also internationalistische Reichsfeinde, obwohl beide politische Strömungen sich nie gegen die Verteidigung des Reiches im Falle eines unberechtigten Angriffs ausgesprochen hatten.

Die abwehrenden Maßnahmen des Kyffhäuserbundes gegen die Sozialdemokratie steigerten sich zur „Organisierung eines offenen Kampfes“[12], der gekonnt den hohen Organisationsgrad des Bundes nutzte. Eine eigene Zeitung, die „Kyffhäuser-Korrespondenz“, wurde 1905 eigens zu diesem Zweck gegründet und auch die Bundeszeitung „Parole“ verstärkt eingesetzt. „Mit diesem politischen Rüstzeug versehen, hat der Bund wesentlich zu der Schlappe beigetragen, die die Sozialdemokratie bei den Reichstagswahlen des Jahres 1907 erlitt.“[13]

Der Ausflug in die Politik brachte dem Bund große Probleme. Denn auch Mitglieder des Kyffhäuserbundes fühlten sich von den sozialen Anliegen der Sozialdemokraten angesprochen, und auch bürgerliche Zeitungen wie „Zentrum“ und „Freisinn“ verurteilten das Vorgehen des Bundes. Der Kyffhäuserbund geriet in den Zwang, sich rechtfertigen zu müssen. Er stellte klar: „Parteipolitische Betätigung im Sinne eines Eingreifens in den Meinungsstreit der bürgerlichen Parteien untereinander hat der Bund immer abgelehnt. Er hat seine Kraft vielmehr auf den Kampf gegen den Internationalismus konzentriert, auf den Kampf, der ihm aus seiner nationalen Grundeinstellung als natürliche Aufgabe erwuchs.“[14]

Internationalismus, wie er vom Bund angeprangert wurde, bezog sich im Verständnis der Zeitgenossen sowohl auf das Zentrum wie auf die Sozialdemokratie. Dem Zentrum wurde von Bismarck Abhängigkeit vom Papst vorgeworfen, also Abhängigkeit von einer ausländischen Macht. Der damit unterschwellig erhobene Vorwurf, Deutschlands Interessen nicht ausreichend zu vertreten, wurde von den Zentrumspolitikern vehement zurückgewiesen.

Internationalismus, der sich auf die Sozialdemokratie bezog, beinhaltete den unterschwelligen Vorwurf der „Vaterlandslosigkeit“. Die Sozialdemokratie hatte jedoch nie behauptet, sie wolle Deutschland wehrlos machen, sondern dafür gekämpft, das stehende Heer abzuschaffen zugunsten eines Volksheeres, das eben nicht auf den Kaiser, sondern auf das Parlament vereidigt werden sollte.

Nach der heftigen öffentlichen Diskussion wird beim Kyffhäuserbund das Ende des politischen Kampfes fast erleichtert begrüßt: „Die überraschende Haltung der Sozialdemokratie bei Ausbruch des Krieges und die mit Kriegsausbruch in den Vordergrund rükkenden großen vaterländischen Aufgaben setzten diesem politischen Kampf ein Ende – genau so, wie im ganzen Reiche der Streit der Meinungen verstummte unter dem gewaltigen Eindruck des großen Geschehens und unter der Notwendigkeit, gemeinsam zusammenzustehen gegen den äußeren Feind.“[15]

Es blieb die Erkenntnis, daß der Bund gut daran tat, wenn er sich aus dem politischen Geschehen heraushielt und sich auf seine ureigensten Aufgaben konzentrierte: die Pflege des Soldatentums im Sinne von Kameradschaft und gegenseitiger Unterstützung, Aus- und Aufbau seines sozialen Werkes und das kompromißlose Eintreten für die geordnete Staatsform der Monarchie.

Während des Wahlkampfs 1907 stellte sich der Kyffhäuserbund gegen die Sozialdemokratie, wie dieses Plakat sehr anschaulich verdeutlicht. Massive Proteste von allen Seiten zwangen den Bund, seine Kampagne abzubrechen. Ab 1914 enthält sich der Bund aller Angriffe auf die Sozialdemokratie und bemüht sich um strikte parteipolitische Neutralität. ***(Damals Archiv)***

1914–1933
Die Reichswehr entsteht

„Wer den Ersten Weltkrieg nicht selbst miterlebt hat, der wird kaum jemals begreifen, was dieser Krieg für das deutsche Volk bedeutete. Mit einem Schlag wurde das friedliche Wohlstandsdasein, das ohne ernsthafte Unterbrechung fast ein halbes Jahrhundert angedauert hatte, zerschlagen; die deutsche Nation befand sich über Nacht im Kriegszustand mit der halben Welt. Sie warf all ihre Kraft, ihren Reichtum, ihren Glauben in diesen Kampf – um nach vier Jahren unvergleichlicher Anstrengungen und glänzender Siege nicht nur geschlagen, sondern auch geächtet und von einer Welt gebrandmarkt dazustehen, deren Triumph man nicht begreifen konnte, und die ihrerseits auch keine Anstrengungen unternahm, das deutsche Volk zu verstehen. Die Folge war, daß es sein inneres Gleichgewicht verlor. Die wirtschaftliche Not nach dem Krieg machte alles noch schlimmer und vereitelte sämtliche Versuche einer inneren Konsolidierung, bis sich die Nazibewegung unter geschickter Ausnutzung der psychologischen und materiellen Not der Massen aus den Ruinen der Weimarer Republik erhob und der gequälten Nation das trügerische Heilmittel eines neuen Glaubensbekenntnisses anbot“, schreibt Rosinski.[16]

Noch während die Soldaten im Felde standen, brach in Deutschland die Revolution aus. Allzulange waren die fortschrittlichen Kräfte unterdrückt worden, nun brachen sie sich Bahn in der schwächsten Stunde der Monarchie. Der Kaiser dankte ab, die – wie es von nun an immer heißt – im Felde ungeschlagenen Soldaten kehrten in eine Heimat zurück, in der Revolution und innenpolitische Spaltung herrschte. Die schwachen Regierungen benötigten die Hilfe der Reichswehr, um sich gegen die – von den Zeitgenossen aus heutiger Sicht überbewerteten – Gefahren von kommunistischer Seite durchzusetzen. (Heute wissen wir, daß die Reichswehr nicht der einzig stabile Pfeiler der Regierungen der Weimarer Republik war, sondern ebenso die Parteien des Zentrums und der Sozialdemokratie.)

Die zwischen 1919–1921 entstandene Reichswehr, staatstragend und loyal wie immer, „stellte sich nicht mehr die Frage, ob der Geist von Weimar, der in den Ruinen der Republik lebendig war, beseitigt werden sollte – es ging nur darum, ob die staatliche Erneuerung in Gestalt einer offenen Diktatur oder im Zusammenwirken mit irgendwelchen parlamentarischen Kräften zu erfolgen hatte".[17] Und hier genau lag das Dilemma.

Auf der einen Seite war das starke Band zwischen Armee und Kaiser zerrissen, und die Republik hatte es nicht verstanden, ein ähnlich starkes zwischen Reichswehr und Regierung zu schaffen. Zwar wurden die Soldaten auf die Verfassung vereinigt, aber sie blieb für viele ein blutleerer Begriff. Dazu kam, daß innerhalb der Reichswehr in den ersten Nachkriegsjahren Putschversuche, persönliches Aufbegehren und die Taten der Freikorps für Verunsicherung gesorgt hatten.

Rosinski: „So ergab sich für die Reichswehr niemals eine aufrichtige Einstellung zur legitimen Regierung. Nach den Worten eines bekannten politischen Publizisten legte sie Lippenbekenntnisse für eine Republik ab, die sie in ihrem Herzen verabscheute. Sie war in ihren Grundzügen royalistisch, brachte das aber nie zum Ausdruck; insgeheim sympathisierte sie mit der Rechtsopposition, enthielt sich jedoch bewußt einer jeden Identifizierung mit dieser Gruppe. Die Reichswehr lebte in Vergangenheit und Zukunft, nicht aber in der Gegenwart. Sie kultivierte die Erinnerung an die alte Armee, in der sie verwurzelt war. Aber sie lebte für die neue, die kommende Generation."[18]

Diese neue Generation erlebte eine Republik, deren Markenzeichen es wurde, daß die Regierungen immer schneller wechselten und die Parteienlandschaft sich heillos zersplitterte. Die Macht der Republik zerfiel so weit, daß Reichskanzler Brüning im Juli 1930 den Reichstag auflösen und mit Hilfe der Notverordnung regieren mußte. Sie fußte auf Paragraph 48 der Weimarer Verfassung und ermächtigte den Reichspräsidenten, „die zur Wiederherstellung der öffentlichen Sicherheit und Ordnung nötigen Maßnahmen" – notfalls mit Hilfe der Reichswehr – zu treffen. Die Notverordnung von 1930 wurde zur Bankrotterklärung der Republik. Sie gab die Macht aus ihren Händen in die von Reichspräsident und Reichswehr.

1932 wurde der Reichspräsident neu gewählt, es kandidierten: der greise Hindenburg, der bereits seit 1923 im Amt war, und Hitler. Hindenburg gewann – mit Hilfe der demokratischen Kräfte. Hindenburg, der bereits seit 1919 Ehrenpräsident des Kyffhäuserbundes war, wurde im Wahlkampf tatkräftig vom Bund unterstützt. Und dann traf dieser Mann die folgenschwerste Fehlentscheidung seines Lebens. Gedrängt von allen Seiten, berief er am 30. Januar 1933 Hitler zum Reichskanzler. Die demokratischen Kräfte versagten, als es darum ging, den Siegeszug der NSDAP aufzuhalten. Die Neuwahlen im Juli 1933, der Reichtagsbrand und das Ermächtigungsgesetz waren weitere Stationen auf dem Weg zur Diktatur. Im August 1934 – nach Hindenburgs Tod – erklärte sich Hitler zum Alleinherrscher. Der Übergang von der schwachen Republik zu einer starken Diktatur war vollendet.

Das Portrait zeigt Generalfeldmarschall von Hindenburg im Jahre 1925 im Alter von 78 Jahren nach seiner Wahl zum Reichspräsidenten. Er behielt dieses Amt bis 1934. Hindenburg war dem Kyffhäuserbund eng verbunden. Auf dem Kyffhäuser errichtete ihm der Bund 1937 ein Denkmal, das 1945 zerstört und begraben wurde. ***(Ullstein Bilderdienst)***

1921–1930: Der große Aufschwung des Deutschen Reichskriegerbunds Kyffhäuser

1921 beschloß der Kyffhäuserbund eine Namensänderung und eine neue Satzung. Er nannte sich jetzt Deutscher Reichskriegerbund Kyffhäuser. Damit wurde einer Entwicklung Folge getragen, die gekennzeichnet wurde von dem Versuch, die Vorbehalte gegen die demokratischen Parteien weiter abzubauen. Ähnlich wie in der Reichswehr gab es im Reichskriegerbund unterschwellig starke Strömungen, die ihren alten Kaiser wieder an der Spitze des Staates sehen wollten. Aber der Reichskriegerbund stellte sich ausdrücklich auf den Boden der Verfassung und bejahte damit letzten Endes die Republik.

Im Ersten Weltkrieg hatten Soldaten aller politischen Richtungen nebeneinander gekämpft. „Auch Mitglieder der SPD hatten an der Front gestanden, hatten mehr als vier Jahre hindurch für Deutschland geblutet und gekämpft. Und sie galt es, im Bunde zu halten, für den Bund zu gewinnen. Denn sie waren wohl irregeleitet und von einem falschen Glauben befangen, ‚aber sie waren Soldaten!' Hätte man nun diese Männer ausgeschlossen und ferngehalten vom Kyffhäuserbund, man hätte sie nur um so tiefer, um so fester mit der SPD verkettet. So wählte der Bund denn den anderen Weg: Er wurde überparteilich. Auf dieser Grundlage wollte er zum Sammelbecken all jener Kräfte werden, die irgendwo in ihren Herzen noch deutsch zu fühlen, noch national zu denken vermochten. Um dieser Aufgabe gerecht zu werden, und um sich Einfluß und Schlagkraft im gesamten Reichsgebiet zu sichern, schloß sich der Bund nach über hundertjährigem Bestehen, in dieser größten Notzeit unseres Volkes, zu einem festen, unter einheitlicher Führung stehenden Ganzen zusammen.

In einer Zeit, die gezeichnet ist durch Zersplitterung und Zersetzung, durch Parteihader und Glaubenskämpfe, Zerstückelung und Zerrissenheit einer ganzen großen Nation, schloß sich der Bund zusammen. Das war eine beispielhafte nationale Tat."[19]

In einer Broschüre des Reichskriegerbundes wurde 1927 die neue Satzung vorgestellt und interpretiert. Zu diesem Zeitpunkt hatte der Kyffhäuserbund drei Millionen Mitglieder, zählte also zu

Dieses Bild machte Geschichte. Es erinnert an den „Tag von Potsdam", den Tag der Reichstagseröffnung am 21. März 1933. Das Bild zeigt den Blick in die Potsdamer Garnisonskirche während der Ansprache des soeben von Hindenburg ernannten Reichskanzlers Adolf Hitler. Ihm Gegenüber sitzen der greise Reichspräsident Hindenburg (inzwischen 87 Jahre alt) und Reichstagspräsident Göring.
(Ullstein Bilderdienst)

den bedeutenden Verbänden des Reiches. Er kümmerte sich nicht nur um Veteranen, hatte nicht nur eine eigene Zeitung, die „Parole", und einen eigenen Verlag, er war auch bedeutender Träger von Wohlfahrtseinrichtungen und sozialen Dienstleistungsangeboten. 1926 konnte Bundespräsident von Heeringen stolz mitteilen: „Unsere gesamte Unterstützungsleistung hat zwölf Millionen Mark im Jahre erreicht und damit wohl die Kriegervereine an die Spitze aller vaterländischen Wohlfahrtseinrichtungen gestellt."[20]

Allein 1914 hatte der Bund aus Kyffhäuser-Pfennigen 263 000 Mark aufgebracht, für Witwen und Waisen waren im Feld 504 000 Goldmark zusammengesammelt worden. 100 000 Angehörige des Bundes waren zwischen 1914 und 1918 gefallen, etwa 11 000 Witwen und 21 000 notleidende Veteranen wurden über längere Zeiträume hin unterstützt. In den 20er Jahren suchte eine verheerende Tuberkulose-Epidemie das Deutsche Reich heim. Die Kyffhäuser brachten 17 Millionen Mark für die Hilfe auf. Der Reichskriegerverband Kyffhäuser und seine Landesverbände waren Träger von 25 Krieger-, Alten- und Erholungsheimen. Jährlich etwa 2,6 Millionen wurden ausgegeben für den Ankauf von Immobilien für Waisenheime, Kriegererholungsheime, Schwimmbäder und Turnhallen.

Die Grafik zeigt den Aufbau des Deutschen Reichskriegerbundes Kyffhäuser im Jahre 1926. Der Bund hatte 3 Mio. Mitglieder in 30 000 Kriegervereinen. ***(Vom Sinn der Kriegervereine. Berlin, 1927)***

Aus den 20er Jahren stammt auch dieses Foto von Bundespräsident Generaloberst von Heeringen. In Begleitung von General Litzmann schreitet er die Front der Kriegervereine ab. Deren dunkle Anzüge mit den schwarzen Zylindern veranschaulichen, warum die Kriegervereine im Volksmund „Begräbnisverein" genannt wurden. Das bezog sich ebenso auf ihre Aufgabe, tote Kameraden ehrenvoll zu bestatten, wie auch auf ihre Kleidung, die diesen Anlässen angepaßt war. ***(Schulz-Luckau: Soldatentum und Kameradschaft, 1936)***

Verschiedene Versuche wurden gemacht, um etwas gegen das Problem der Arbeitslosigkeit zu unternehmen. Und bereits seit Anfang des 19. Jahrhunderts bot der Bund seinen Mitgliedern gute und preisgünstige Versicherungen an.

Kennworte der Mitgliederwerbung waren Kameradschaft, Patriotismus, Ehre, Treue, Heldengeist und Pflicht. Die Mitglieder des Reichskriegerbundes Kyffhäuser waren die, „die unter der schwarzweißroten Fahne den Schutzwall ihrer Leiber um Deutschland legten, die noch wissen, was deutsche Treue ist und die Ehre unserer Nation, die sich werktätig zum Wiederaufbau unseres Vaterlandes einten unter dem Symbol des Kyffhäusers: die 30 000 deutschen Kriegervereine. Überall in Stadt und Land sind sie in tätiger Arbeit, überall stehen sie in der Kampflinie um den nationalen Gedanken, überall schaffen sie am deutschen Wesen und an deutscher Art, üben sie Kameradschaft der Tat. Dafür, daß das Höhere und Grundlegende nicht zurückgedrängt wird in der Atmosphäre der Parteien. Sie setzen dem zersplitternden Geist des Tageskampfes den Kyffhäusergeist der großen verbindenden Ideale entgegen, den Dienst für das Zusammenhalten, Wiedererkennen und Wiederverstehen aller Deutschen."[21]

Und obwohl tagespolitisch neutral, wollte der Bund doch nach außen wirken. Die Verbreitung seiner Grundhaltung war erklärtes Ziel: „Wir wollen nicht ein Bund sein, der hohe Mauern um sich

1921 jährte sich zum 25. Mal der Tag der Einweihung des Kyffhäuserdenkmals. Das Foto zeigt in der Mitte Generalfeldmarschall von Hindenburg und links neben ihm Generaloberst von Heeringen, den ersten Präsidenten des Kyffhäuserbundes. Er ist gut zu erkennen an seinem üppigen weißen Bart. ***(Schulz-Luckau: Soldatentum und Kameradschaft. 1936)***

baut, um nur für sich zu wirken, für sich zu leben. Wir wollen vaterländischen Dienst leisten, und das heißt: Dienst an der Allgemeinheit, nicht nur an dem Kameraden, der neben uns steht, sondern Dienst vor allem für das Wiedererkennen und Wiederverstehen aller deutschen Brüder und Schwestern, die im Kampf der Parteien so leicht vergessen, daß die Treue das Mark der Ehre, die Ehre die Grundlage des Vaterlandes und das Vaterland unser aller Wurzel und Quelle ist."[22]

Anläßlich des Reichskriegertages 1932 in Dortmund begrüßt der Präsident des Kyffhäuserbundes, General der Artillerie a. D. von Horn, die Abordnung der ehemaligen westfälischen Landwehr. ***(Schulz-Luckau: Soldatentum und Kameradschaft, 1936)***

In dem Wunsch nach nationaler Größe, nach dem Zusammenschluß der zersplitterten politischen Kräfte und in der Tradition, ein führungsorientierter Verband zu sein, lag die Stärke des Kyffhäuserbundes. Sie wurde seine größte Schwäche, als es darum ging, dem Nationalsozialismus zu begegnen, der auch diese Werte – wie so viele andere – aufgenommen hatte, um sie letztendlich in ihr Gegenteil zu verwandeln.

1927 erkannte der erste Präsident des Reichskriegerbundes, Generaloberst von Heeringen, klaren Auges diese Gefahr. Beschwörend wandte er sich an die Mitglieder: „Es ist aber zuweilen recht schwer, das Steuer in der richtigen Bahn zu halten, namentlich wenn rechtsgerichtete, politische Organisationen um die Mitwirkung der Kriegervereine werben. Deren Ziele sind dem Wortlaute nach oft die gleichen wie die unsrigen. Ihre politische Betätigung ergibt sich erst durch die Art, wie sie sich in der Presse und bei öffentlichen Veranstaltungen geben. Es ist doppelt schwer, deren Lockungen zu widerstehen, wenn solche politischen Bestrebungen in unserem eigenen Innern eine volle Sympathie finden. Jeder Führer, jedes Mitglied unserer Organisation darf dann aber nicht vergessen, daß das eigene politische Glaubensbekenntnis seine Privatsache ist, daß dieses nie und nimmer in Kriegervereinssachen zu der geringsten Verletzung unserer strengen politischen Neutralität führen darf.“[23]

Bis zum Verbot des Reichskriegerbundes im Jahre 1943 bemühten sich die Präsidenten von Heeringen, von Horn und Reinhard darum, dem übermächtigen Sog von NS-Partei und NS-Regierung die Eigenständigkeit des Bundes entgegenzusetzen. So wenig dies im äußeren Erscheinungsbild gelang, blieb doch die Führung diesem Anspruch treu, so daß die endgültige Gleichschaltung erst durch das Auflösen des Reichskriegerbundes gelang. Unter dem Druck der allmächtigen NSDAP zerbrach der Anspruch der Überparteilichkeit, die von Heeringen kurz und bündig auf den Punkt gebracht hatte: „Wir erkennen die Notwendigkeit solcher Parteien für die Entwicklung eines Staates an; aber wir erkennen nicht an, daß eine Partei, möge sie links oder rechts stehen, die Vaterlandsliebe in Erbpacht nimmt. Denn nur der Staat ist wandelbar, nicht aber das Vaterland.“[24]

Die Verwendung des Hakenkreuzes setzte sich nach 1933 in den großen Organisationen immer mehr durch. Um einen Eindruck dieser Entwicklung zu geben, stehen hier drei Embleme nebeneinander: Das der allgemeinen Feuerwehr, das des Deutschen Roten Kreuzes und die Fahne des Kyffhäuserbundes, die 1934 noch neben einer Hakenkreuzfahne flattert.

1933–1945
Der Kyffhäuserbund und das Dritte Reich

Freunde und Gegner des Kyffhäuserbundes nutzen die Dokumente aus der Zeit des Dritten Reiches, um ihn entweder zum willigen Helfer des NS-Regimes oder zu einem Teil des Widerstandes zu erklären. Presseartikel und Fotos gibt es in reicher Zahl, denn Öffentlichkeitsarbeit und Propaganda waren das wichtigste Instrument, das die NSDAP zur Beeinflussung der Massen einsetzen konnte.

Schwer vorstellbar ist es heute, was das Gesetz zur Sicherung der Einheit von Partei und Staat vom 1. Dezember 1933 im Alltag bedeutete: nichts anderes nämlich, als daß Staat und Partei miteinander identisch waren. Die Partei war der Staat.[25] Und daß die Presse im Dritten Reich eine zensierte Presse war, daß Partei- und Führerlob Bestandteil jedes veröffentlichten Artikels zu sein hatten, das ist aus dem heutigen Bewußtsein weitgehend entschwunden. Das Problem des Widerstands im Dritten Reich ist auch ein Problem des Überdeckens von Fakten und Erinnerungen durch Dokumente, die von der Partei beeinflußt waren.

Der Historiker Joachim Fest brachte die Problematik des Widerstandes auf den Punkt: „Wer auf das Ganze des Widerstands, sein Denken und sein Tun, die Anstrengung oft mühsam erweckter Hoffnungen wie die Enttäuschungen zurückblickt, kommt um das Eingeständnis nicht herum, daß er die eigene Sterbestunde kaum überdauert hat. Auf merkwürdige Weise hat das von Hitler ausgegebene und von der Propaganda des Regimes geräuschvoll aufgegriffene Zerrbild von der ganz kleinen Clique ehrgeiziger Offiziere die Zeit überdauert. Viele unterschiedliche, wenn auch parallel laufende Beweggründe vor und nach dem Untergang des Dritten Reiches haben daran mitgewirkt. Einmal hineingeraten in die Abwehrmechanismen aus Schuldkomplex und Verdrängungsbedürfnis, begünstigt zudem von der Politik der Sieger, ist dem Widerstand jenes Gedächtnis versagt geblieben, das alles war, was diejenigen, die ihm angehörten, sich zuletzt versprochen haben."[26]

Der Kyffhäuserbund, wie er aus der Zeit der Weimarer Republik in das Dritte Reich kam, war – wie wir gesehen haben – ein parteipolitisch neutraler Verband. Seine Mitglieder rekrutierten sich vornehmlich aus mittelständischen Schichten und aus Arbeitergruppen, die nicht in politische Gruppierungen eingebunden waren. Eine große Gruppe bildeten die Träger des Eisernen Kreuzes. Sie hatten diese Auszeichnung im Ersten Weltkrieg erworben, und es war im Bund vollkommen unerheblich, ob es sich bei diesen Veteranen um deutsche Arier oder deutsche Juden handelte. Auch diese Gruppe rekrutierte sich im wesentlichen aus ehemaligen Kriegsteilnehmern, die sich von politisch geprägten Organisationen wie dem Stahlhelm und der SA nicht angesprochen fühlten.

Erst ab 1935 führt auch der Kyffhäuserbund das Hakenkreuz. ***(Kyffhäuserbund und Stadtarchiv Kassel)***

Die Führung des Bundes sah sich in der Zeit des Dritten Reiches dem gleichen Zwiespalt ausgesetzt wie viele Offiziere der Reichswehr, die den Nationalsozialismus zwar ablehnten, nicht aber die nationalen Ziele des Reichskanzlers Hitler. „Ihr Dilemma rührte nicht allein daher, daß Hitler, wie kaum einem von ihnen verborgen blieb, auch ein Exzeß jenes nationalstaatlichen Denkens war, in dem sie selber sich bewegten, sondern daß seine Erfolge während geraumer Zeit auch den eigenen Bestrebungen entsprachen. Von der Eingliederung Österreichs bis zum Sieg über Frankreich wird in den Aufzeichnungen und Berichten wieder und wieder der verwirrende Konflikt spürbar, in den die Hassel, Stieff oder Schulenburg sich hineingerissen sahen: die tiefe Kränkung des eigenen Landes und seines Namens durch ständig neue Unrechtsakte auf der einen sowie der Stolz auf seine zunehmende Größe und hegemoniale Macht auf der anderen Seite. Der immer neue Zwiespalt stürzte sie in ein kaum entwirrbares Durcheinander der Empfindungen.“[27]

Daß dieser Zwiespalt von den führenden Männern des Widerstands durch ihre Bereitschaft, hohe moralische Ansprüche bis zum eigenen Tode durchzuhalten, überwunden wird, macht sie zu Helden. Aber auch Offiziere, die dem Regime ohne öffentlichen Widerstand dienten, kannten diesen Zwiespalt, mochte er sich bei ihnen auch eher als diffuses Gefühl des Unbehagens äußern. Ein Beispiel dafür findet sich in den Erinnerungen von General Reinhard.

Der später zum General der Infanterie ernannte Wilhelm Reinhard hatte 1934 – nach dem Tod von General von Horn – die Führung des Reichskriegerbundes Kyffhäuser übernommen.

Von 1934 bis zum Verbot des Kyffhäuserbundes amtierte Generalmajor a. D. Wilhelm Reinhard als Präsident des Bundes. Hochbetagt übernahm er bei der Neugründung des Bundes 1952 dieses Amt noch einmal. Das Foto zeigt den „Reichskriegerführer“ so, wie er bei seinem Amtsantritt 1934 aussah. *(Schulz-Luckau: Soldatentum und Kameradschaft)*

In seinen Memoiren schreibt er 1940, nach der Besetzung Belgiens: „Ein neuer Triumph Hitlers! So segensreich er für das Land sein konnte, so wenig war er es für Hitler. Als der Führer nach der Machtübernahme, bei der Feier in der altehrwürdigen Garnisonkirche in Potsdam die Staatslenkung vom Reichspräsidenten von Hindenburg überantwortet bekam, dokumentierte er mit der Örtlichkeit, daß er Friedrich den Großen und seinen Vater nachahmend, der erste Diener des Staates sein wollte. Aus seinen Reden der letzten Zeit über Erschießung von Reaktionären,[28] vom 1000jährigen Reich und von Gebietserweiterungen, denen andere nicht mehr folgen sollten, aber doch, wie in Böhmen und Mähren stattfanden, konnte man herausfühlen, daß man nicht mehr im großen Friedrich sein Vorbild sah und Gefühl hatte für das erreichbare Ziel, sondern daß man sich für ein unfehlbares Werkzeug der Vorsehung hielt. War das so? Genaues sagen konnten wohl nur wenige. Nur Männer, die dauernd mit Hitler zu tun hatten und des öfteren bei ihm waren. Unwillkürlich machte man sich Sorgen.“[29] Klarsichtig erkannte Reinhard Hitlers Eroberungsdrang, der Deutschland nur wenig später ins tiefste Unglück stürzen sollte. Aber diese Einsicht war nicht stark genug, um das tiefsitzende Gefühl soldatischer Loyalität gegenüber Hitler als dem Oberbefehlshaber der Wehrmacht und die Treuepflicht gegenüber dem Vaterland zu überdecken.

„Aber Deutschland war im Krieg um Tod und Leben und jeder mußte auf seinem Platze seine Schuldigkeit tun, so gut er konnte! Das mußte auch der Reichskriegerführer. Für ihn war es schön, mit dem Geist der Liebe zum alten Soldaten und seinen Familien weiter zu helfen, wo zu helfen war, und es geschah.“[30]

Dies war der Ausweg, den Reinhard fand, den Weg, den er beschritt. Trotz aller öffentlichen Anpassung versuchte er, seine Organisation so fern wie möglich von der Partei zu halten und sich auf die menschliche und materielle Hilfe für die Soldaten und ihre Familien zu konzentrieren.

Als Person des öffentlichen Interesses jedoch stand Reinhard an der Spitze eines Verbandes, dem Hitlers Mißtrauen galt, seitdem dieser Verband Hindenburgs Kandidatur gegen ihn unterstützt hatte. Die Geschichte des Reichskriegerbundes ist während des Dritten Reiches auch die Geschichte der Reichskriegertage und ihrer öffentlichen Darstellung. Und sie ist die Geschichte Reinhards, des Veteranen des Ersten Weltkriegs, den Hitler zum SS-Obergruppenführer machte und der trotzdem das Verbot seines Reichskriegerbundes Kyffhäuser nicht verhindern konnte.

Bei der Betrachtung dieser Geschichte sollte nicht vergessen werden, daß Widerstand im Dritten Reich nicht Widerstand von Organisationen sein konnte, sondern Widerstand von einzelnen, und daß die Definition von Widerstand bis heute nicht eindeutig geklärt ist. Fest formuliert das so: „Man hat später, in den generalisierenden Abrechnungen der nachhitlerschen Ära, das Bürgertum, das Militär, die Kirchen, den klassischen Bildungskanon und anderes mehr für das Versagen jener Jahre verantwortlich gemacht. Der Wahrheit näher kommt, daß keine Institution, kein Ideengrund von links bis rechts, keine Tradition oder gesellschaftliche Schicht im ganzen zureichende Sicherungen oder Abwehrkräfte liehen. Das Widerstehen war ausschließlich eine Sache der Charaktere, im Bürgertum, in der Arbeiterschaft, im Militär."[31]

Ehrenurkunde für Sammeldienste zugunsten der Kyffhäuser-Waisenheime aus dem Jahre 1937. ***(Kyffhäuserbund)***

1933
Das Jahr der Krise

Das Verhältnis des Reichskriegerbundes Kyffhäuser zur NSDAP ist geprägt durch die äußerliche Anpassung, wie sie sich in den zahlreichen Publikationen des Bundes dokumentiert, sowie ab 1935 im Führen des Hakenkreuzes in der Bundesfahne und am linken Arm, aber auch durch den erbitterten Kampf um die Selbständigkeit des Bundes gegenüber der Partei, den die Führung strategisch und von der Öffentlichkeit weitgehend unbemerkt geführt hat.

Sie schwankte, wie nahezu alle Institutionen aus der Weimarer Zeit, zwischen der Angst vor der Auflösung und dem Zwang zur Anpassung. Und sie hatte das Schicksal der demokratischen Parteien vor Augen: ohne Parteienverbot war die kommunistische Partei KPD am 26. Mai 1933 und die SPD am 14. Juli 1933 durch

Einziehung ihres Vermögens liquidiert worden. „Die liberalen Parteien wurden überwiegend ein Opfer ihrer Anpassungspolitik; sie lösten sich faktisch oder rechtlich auf. Zuletzt erklärt das Zentrum am 5. Juli seine Selbstauflösung.“[32]

Wie real die Ängste waren, daß der Reichskriegerbund einfach aufgelöst und Parteiorganisationen eingegliedert werden könnte, soll eine kurze chronologische Darstellung des Jahres 1933 zeigen, die sich auf die Erinnerungen General Reinhards[33] und auf die offizielle Veröffentlichung des Bundes aus Anlaß des 150jährigen Jubiläums 1934 stützt.[34]

1933 hatte der Bund drei Millionen Mitglieder. Er war die größte Veteranenorganisation des Reiches, eine Organisation also, an der die NSDAP nicht vorbeigehen konnte. Die Begehrlichkeit der Partei wurde auch von dem erheblichen Vermögen des Bundes geweckt, der nicht nur über ein großes Immobilienvermögen, sondern auch über erhebliche liquide Mittel verfügte. Beispielhaft seien hier einige Zahlen genannt: von 1935 bis 1937 zahlte der Bund allein für Unterstützungsleistungen an bedürftige Mitglieder 2,6 Millionen Reichsmark. 1939 betrug sein Vermögen 44 Millionen Reichsmark, davon war etwa die Hälfte Immobilienvermögen. Er war die größte und wohlhabendste Wohlfahrtsorganisation des Dritten Reiches.

Als im Mai 1933 Hitler die alleinige Macht in Deutschland übernahm, geriet der damalige Bundesführer, General von Horn, in Panik. Diese „prächtige, einfache und klare Soldatennatur“[35] versuchte der Gefahr der drohenden Auflösung durch die Partei dadurch zu begegnen, daß er ihr freiwillig soweit wie möglich entgegenkam. Eine neue Satzung wurde bereits im Mai verabschiedet, die der Partei eine paritätische Stellung in der Bundesorganisation sicherte und das Führerprinzip im Bund verankerte. Zu diesem Akt der Anpassung gab es keine Alternative. „Hätte der Bund es unternommen, das neue Reich zu boykottieren oder ihm Fehde anzusagen und es zu bekämpfen, er hätte sich mit dieser Haltung selbst vernichtet,“[36] berichtet der offizielle Chronist Schulz-Luckau.

Vor allem das Aufblähen des Vorstandes, das sich durch die Aufnahme von Parteimitgliedern ergeben hatte, führte zu Verwirrung und Führungsschwäche. Reinhard beschreibt diese Monate so: „Unglückliche Anordnungen kamen dazu. Man hatte einen Vorstandsrat mit zahlreichen Mitgliedern und einem meist aus Nationalsozialisten und SA-Männern bestehenden Bundesbeirat von etwa 158 Personen ins Leben gerufen. Mißmut und Unbehagen hatte sich so auch der Führer der Landesverbände bemächtigt."[37] Aus Mangel an genügend Parteiangehörigen innerhalb des Mitgliederstammes konnte in vielen Fällen das Gebot der Parität von Partei und politisch neutralen Vorständen ohnehin nicht erfüllt werden.

General von Horn hatte erwartet, durch die freiwillige Selbstanpassung des Bundes die Gefahren für seine Existenz ausgeschal-

Nach der Auflösung der Kyffhäuser-Jugend im Jahr 1933 wurde die Flagge, die diese Jugendorganisation bis dahin geführt hatte, zur Bundesfahne. Auf diesem Foto stellen zwei Frauen die neue Bundesfahne vor. Sie zeigt ein weiß umrandetes Eisernes Kreuz in rotem Feld mit der Silhouette des Kyffhäuserdenkmals in der Mitte.
(Ullstein Bilderdienst)

tet zu haben. Diese Erwartung erfüllte sich nicht. Statt dessen ergingen Schlag auf Schlag die Führeranordnungen, deren Ziel die völlige Gleichschaltung des Bundes war.

Der erste Schlag gegen den Bund erging kurz nach der Machtübernahme. Mitte 1933 wurde die Jugendorganisation des Bundes, die Kyffhäuserjugend, aufgelöst und 100 000 junge Männer zur Hitlerjugend überführt. „Die Fahne der Kyffhäuserjugend übernahm der Bund als offizielle Bundesfahne. Bisher hatte jeder der über 30 000 Vereine seine eigene, von allen übrigen sich unterscheidende Fahne geführt. Jetzt führte jede Kameradschaft außer ihrer eigenen die offizielle Bundesfahne. Die Geschlossenheit und einige Haltung des Bundes war somit auch vor aller Öffentlichkeit Ausdruck verliehen,“[38] kommentiert der Bundeschronist.

Der offizielle Akt, bei dem die Kyffhäuserjugend der Hitlerjugend übergeben wurde, fand im Potsdamer Stadion statt. General von Horn wagte es nicht, sich öffentlich kritisch zu äußern. Das führte zu tiefer Verunsicherung in den Jugendorganisationen und zu massiver Kritik an seiner Person. Eine Fülle von Briefen erging an Rittmeister a. D. Barthels, den Reichsjugendführer der ehemaligen Kyffhäuserjugend.[39]

Beispielhaft ist das Schreiben des Jugendführers Börder vom 14. Juli 1933: „Unter anderen Umständen wäre es mir eine Freude gewesen, über einen Tag in Potsdam berichten zu dürfen. Wie die Dinge jedoch liegen, müßte ein Bericht von mir eine Anklage werden gegen diejenigen, welche die aktivste Organisation des Kyffhäuserbundes einem ungewissen Schicksal überantwortet haben. Sie wissen, daß ich in unwandelbarer Treue und mit einem grenzenlosen Vertrauen zu Exzellenz von Horn emporgeschaut habe. Die Stunde im Potsdamer Stadion hat dieses Vertrauen jedoch völlig zusammenbrechen lassen. Nichts ist mir bitterer gewesen und wohl allen Kameraden, die dort versammelt waren, als daß der Bundespräsident die Gelegenheit außer acht ließ, an die Kyffhäuserjugend, die zum letztenmal vor ihm versammelt war, das Wort zu richten und ihr etwas mitzugeben für die Zukunft.“[40] Börders Verbitterung findet ihren Höhepunkt in dem Bericht, daß er das ihm verliehene Kriegervereins-Ehrenkreuz 1. Klasse habe zurückweisen wollen und dies nur aus Rücksicht auf seine Kameraden unterlassen habe.

Der zweite Schlag gegen den Bund folgte schnell. Der NSKOV, der Nationalsozialistische Kriegsopferverband, erreichte, daß die Kriegsopfer des Reichskriegerbundes zwangsweise an ihn angeschlossen wurden. Das war der zweite große Aderlaß für den Kyffhäuserbund, denn er verlor nach seiner Jugendorganisation nun weitere 400 000 Mitglieder. Der Führer des NSKOV, Oberlindober, erwies sich in den Folgejahren als einer der erbittertsten Gegner des Bundes und hat wesentlich zu seinem Verbot 1943 beigetragen. Zahlreiche Beschwerdebriefe von Kameradschaften an den Bundesverband zeugen von der Verbitterung, die auch diese Maßnahme an der Basis auslöste.

Der dritte Schlag gegen den Bund ließ nicht lange auf sich warten. Ende 1933 erklärte Hitler den Reichskriegerbund Kyffhäuser kurzerhand zur SA-Reserve II. Kurz vorher hatte den Stahlhelm das gleiche Schicksal ereilt. Er war zur SA-Reserve I geworden. (Im Gegensatz zum Kyffhäuserbund hatte sich der Stahlhelm, der 1918 als Bund der Frontsoldaten durch Franz Seldte gegründet worden war, politisch betätigt. 1929 gehörte er mit den Nationalsozialisten und Deutschnationalen zur Harzburger Front.) Die Unterstellung des Kyffhäuserbundes unter die SA sollte der erste Schritt sein zu seinem Aufgehen in einer Organisation, die von der Partei beherrscht sein würde. Durch den Zugriff auf Stahlhelm und Kyffhäuserbund hatte sich nun die SA ihren Einfluß auf die beiden wichtigsten Verbände, in denen ehemalige Soldaten und Hinterbliebene organisiert waren, gesichert.

Der Kyffhäuserbund befand sich in einer tiefen Krise. General von Horn, inzwischen schwer krank, brachte die Kraft zur Führung nicht mehr auf. Am 27. Januar 1934 legte er sein Amt nieder. Zwei Wochen später starb er. In dieser kurzen Interimsszeit übernahm Reinhard die Führung des Bundes. Er tat dies in seiner Funktion als „Oberstlandesführer der SA-Reserve II und Beauftragter der Obersten SA-Führung für den Kyffhäuserbund sowie für alle übrigen Verbände, Vereine und Bünde, aus denen die SA-Reserve II gebildet wurde.“[41] Nach dem Tod von Horns wurde er zum Bundesführer gewählt.

1934–1937
Der Kampf ums Überleben

Die erste Tat des neuen Bundesführers war die Verkleinerung und Straffung des Führungsapparats. „Zunächst mußte die Führung frei sein. Im Nationalsozialismus herrschte das Führerprinzip. Ich schlug daher den Bund mit dessen eigenen Waffen und löste sofort den Bundesrat und Vorstandsbeirat auf. Eine Unmenge Schreiberei und Ärgernisse fielen damit fort.“[42]

Doch nicht nur im Vorstand hatte sich der Schlendrian eingeschlichen. „Die Revolution und der Umsturz hatten doch ihre Schatten auf den Reichskriegerbund geworfen. In den außerpreußischen Verbänden wurde kaum noch geschossen. Geldlich wurde vom Präsidenten alles mögliche verlangt, aber Mitgliederbeiträge führte man nicht ab. Die Waisenheime und wenigen Erholungsaufenthalte waren in trauriger Verfassung. Ich fuhr auf den Kyffhäuser. Er war verwahrlost und das Denkmal in Verfall. Es mußte überall fest eingegriffen werden,“ erinnerte sich Reinhard.

Er wähnte sich auf „gutem Wege“[44], aber schon im März 1934 erlitt er einen schweren Schock. „Reichskanzler Hitler löste durch schriftlichen Befehl den Reichskriegerbund am 1.4.1934 auf. Der Befehl trug die Unterschriften des Arbeitsministers Seldte, des Stabschefs Röhm, des Reichskriegsministers General von Blomberg und des Führers.“[45] Reinhard ließ sich sofort bei Röhm melden und erfuhr, daß ein „großer einheitlicher Soldatenbund mit Hilfe des Stahlhelms“[46] geplant war, der Seldte unterstellt werden sollte. Seldte, der Gründer des Stahlhelms, war bereit, den Kyffhäuserbund zu schlucken. Das hätte die endgültige Gleichschaltung des Bundes und gleichzeitig sein Ende bedeutet.

Wie es weiterging, beschreibt Reinhard so: „Man hatte gedacht, mit mir ebenso leichtes Spiel zu haben wie mit dem General von Horn. Der Stabschef Röhm forderte meine Unterschrift zur Auflösung, die ich mit den Worten verweigerte: ‚Sein Todesurteil unterschreibt man nicht.‘ Röhm tobte. Als Hitler von meiner Weigerung hörte, zerriß er seinen Befehl. Die Überrumpelung war abgeschlagen, mir aber wurde klar, daß mein Amt einen immerwährenden Kampf bedeutete, und das ist es geblieben bis zum

Schluß!"[47] Ebenso wie vor ihm General von Horn, war es jetzt Reinhard klargeworden, daß der Bund nur überleben konnte, wenn er innerhalb des Systems Rückendeckung fand.

„Nach der überstandenen Krise mit Röhm hatte dieser sich an das Weiterbestehen des Reichskriegerbundes gewöhnt. Ihm war klar, daß er in einem Ernstfall nur durch den Bund eine zuverlässige Reserve zur Verfügung hatte. So war Röhm auch nett und zuvorkommend gegen mich"[48], schrieb Reinhard. Das zweite Bein der Rückendeckung stellte der greise Feldmarschall Hindenburg dar. Aber 1934 verlor der Bund seine beiden Protektoren. Röhm fiel den Folgen des sogenannten Röhm-Putsches am 30. Juni zum Opfer und wurde erschossen. Hindenburg starb an Altersschwäche. Der Bund stand wieder alleine da, und Reinhard mußte sich neue Verbündete suchen.

Der Machtwechsel in der SA von Röhm zu Lutze brachte neue Reibereien zwischen Reinhard und der SA, die 1935 dazu führten, daß der Kyffhäuserbund aus der Unterstellung unter die SA entlassen wurde. Reinhard hatte sich die Zustimmung des Führers zu dieser Veränderung erkauft. Unter der Vorherrschaft der SA war eine Sammlung zur Unterstützung der Fliegerorganisationen veranstaltet worden. „Der Bund konnte sich der Sammlung nicht entziehen und stiftete eine Million Reichsmark"[49], die Reinhard unter Umgehung der SA direkt an den Führer übergeben hatte.

Die SA war Reinhard losgeworden, dafür häufte sich der Ärger mit dem Reichskriegsminister General von Blomberg. „Die Gegnerschaft des Generals von Blomberg mußte naturgemäß für den Reichskriegerbund einstmals Folgen haben und konnte vielleicht zu seiner Auflösung führen. Ich besprach dies in aller Ruhe mit den Herren meines Stabes. Ich ordnete an, daß wir um unser Dasein kämpfen müßten und würden und dies ehrenhafter sei, als sich selbst aufzugeben"[50], berichtete Reinhard.

Mit der NSDAP lag Reinhard ohnehin in dauerndem Streit um die Mitglieder des Bundes. NS-Organisationen wie die NS-Volkswohlfahrt, die die Waisenheime begehrte, oder die NS-Arbeitsfront, die der um seine NSKOV besorgte Herr Oberlindober unterstützte, machte dem Bund das Leben schwer. „Die Gauleiter schädigten vielerorts den Bund durch Versammlungsverbote, durch

Untersagung von Bestattung gestorbener Kameraden mit militärischen Ehren und durch verletzende Plazierung der alten Soldaten bei Aufmärschen und Feiern."[51]

1935 erbat Reinhard für den Bund vom „Führer die Erlaubnis, in Zukunft statt des Denkmals das Hakenkreuz führen zu dürfen. Er konnte dem nicht widersprechen und genehmigte es. Mir war bekannt, daß auch die neue Flagge der Wehrmacht das Hakenkreuz führen würde. Sie wurde gleich darauf befohlen, der Reichskriegerbund war ihr also ziemlich gleichgestellt. Dies konnte sein Ansehen nur erhöhen. Er war auch so im Augenblick nicht aufzulösen."[52] Da war sie wieder, die Angst vor dem Ende des Bundes.

Reinhard sah sich also nach neuen Verbündeten um, und er fand sie in der SS. „Ich persönlich war schon am 9.11.35, nach dem Ausscheiden des Bundes aus der SA, in die SS als Oberführer der allgemeinen SS eingereiht worden und konnte in diese bald meine engsten Mitarbeiter aufgenommen sehen. Es waren Ehrentitel, die wir hatten, und die beim Ansehen der SS im Lande von Nutzen waren."[53] Am 19.1.1937 teilte Himmler Reinhard mit, daß „der Führer die Unterstellung des Reichskriegerbundes unter die SS angeordnet hätte"[54]. Diesen Befehl führte Reinhard aus: „Ich ordnete noch 1937 die Anpassung der Gliederungen des Bundes

Als 1935 die Deutsche Wehrmacht ins Leben gerufen wurde, die das Hakenkreuz in ihrer Fahne führte, beantragte General Reinhard auch für den Reichskriegerbund Kyffhäuser dieses Recht. Er wollte so die Verbundenheit des Veteranenbundes mit der aktiven Wehrmacht symbolisieren. 1936 wurde im Berliner Sportpalast die neue Bundesfahne vorgestellt, die in ihrer Mitte anstelle des Kyffhäuserdenkmals das Hakenkreuz führte.
(Schulz-Luckau: Soldatentum und Kameradschaft. 1936)

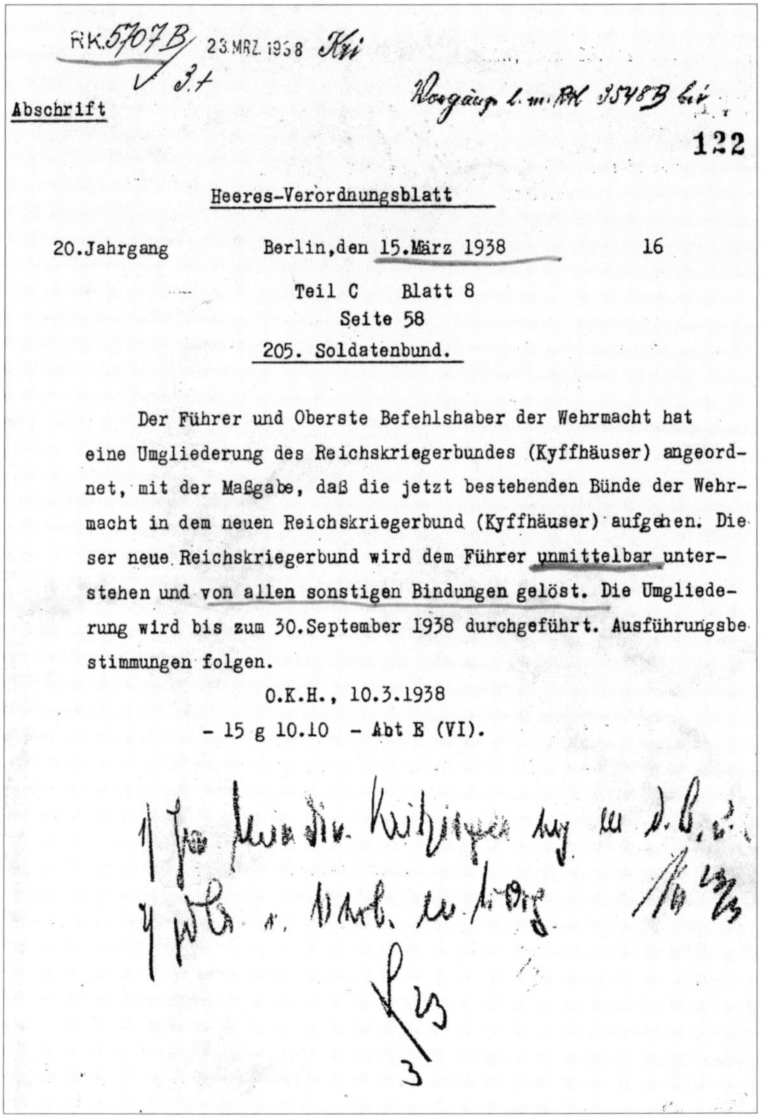

RK. 5707 B 23. MRZ. 1938

Abschrift

122

Heeres-Verordnungsblatt

20. Jahrgang Berlin, den 15. März 1938 16

Teil C Blatt 8

Seite 58

205. Soldatenbund.

Der Führer und Oberste Befehlshaber der Wehrmacht hat eine Umgliederung des Reichskriegerbundes (Kyffhäuser) angeordnet, mit der Maßgabe, daß die jetzt bestehenden Bünde der Wehrmacht in dem neuen Reichskriegerbund (Kyffhäuser) aufgehen. Dieser neue Reichskriegerbund wird dem Führer unmittelbar unterstehen und von allen sonstigen Bindungen gelöst. Die Umgliederung wird bis zum 30. September 1938 durchgeführt. Ausführungsbestimmungen folgen.

O.K.H., 10.3.1938

- 15 g 10.10 - Abt E (VI).

Im Heeres-Verordnungsblatt erschien am 15. März 1938 die Verfügung des Obersten Befehlshabers der Wehrmacht, Adolf Hitler, in der er dem deutschen Reichskriegerbund alle Veteranenbünde zuordnete. Gleichzeitig übernahm er die unmittelbare Führung des neuen Reichskriegerbundes, der den Namen „NS-Reichskriegerbund" erhielt.
(Bundesarchiv, Koblenz)

an die SS an.“[55] Die Unterstellung unter die SS galt jedoch nur für ein Jahr, sie endete bereits im März 1938, als Hitler sich den Reichskriegerbund persönlich unterstellte.

1938–1943
Unter Hitlers Kommando: der NS-Reichskriegerbund

Am 4. März 1938 befahl Hitler den Reichskriegerführer zu sich, um ihm die Entscheidung mitzuteilen, die am 15. März 1938 als Heeresverordnungsblatt Gesetzeskraft erlangte:

„Der Führer und Oberste Befehlshaber der Wehrmacht hat eine Umgliederung des Reichskriegerbundes (Kyffhäuser) angeordnet mit der Maßgabe, daß die jetzt bestehenden Bünde der Wehrmacht in dem neuen Reichskriegerbund (Kyffhäuser) aufgehen. Dieser neue Reichskriegerbund wird dem Führer unmittelbar unterstehen und von allen anderen Bindungen gelöst. Die Umgliederung wird bis zum 30. September 1938 durchgeführt.“[56] Und in Anlage 3 der Verordnung bestimmt Hitler ergänzend: „Eine Angliederung an eine politische Gliederung ist nach Vorstehendem nicht mehr gerechtfertigt, daher Loslösung von der SS. Der Reichskriegerbund tritt unter meinen unmittelbaren persönlichen Befehl.“[57] Durch die Unterstellung unter Hitler als Oberkommandierendem der Wehrmacht, die 1935 gegründet worden war, waren die Veteranen des Reichskriegerbundes de facto zu einem Teil der Wehrmacht geworden.

Ziel der ganzen Aktion war die Zentralisierung und unmittelbare Unterstellung aller ausgedienten Soldaten direkt unter Hitler, ob sie nun vorher aus der Wehrmacht oder der Reichswehr ausgeschieden waren. „Der Bund ist zu benennen NS-Reichskriegerbund“[58], verfügte Hitler. Gleichzeitig übertrug er dem damaligen Oberst a. D. Reinhard die Führung.

Die Zentralisierung und Entmachtung der Soldatenverbände und des Kyffhäuserbundes war vollendet. Hitler hatte sich – in seiner Eigenschaft als Oberkommandierender der Wehrmacht, also als oberster Dienstherr aller Sodaten – nun auch alle Veteranenorganisationen unterstellt.

1935–1939
Drei Reichskriegertage in Kassel

Ein so riesiger Zusammenschluß von Menschen, wie ihn der Reichskriegerbund Kyffhäuser darstellte, lebt von großen Veranstaltungen und identitätsstiftenden Feiern. Von 1925 bis 1939 bildeten die alle zwei Jahre stattfindenden Reichskriegertage den Höhepunkt des Kyffhäuserjahres.

1935 fand der fünfte Reichskriegertag zum erstenmal in der

Der fünfte Reichskriegertag fand 1935 in Kassel statt. Das Foto zeigt Festteilnehmer beim Flanieren in den Fuldaauen. Sie tragen die historische Uniform der ersten Kameradschaft aus der Zeit Friedrichs des Großen. *(Stadtarchiv Kassel)*

Ebenfalls vom Reichskriegertag in Kassel 1937 stammt dieses Foto, das die Rednertribüne mit der Kyffhäuserfahne zeigt, die seit 1935 in der Mitte das Hakenkreuz anstelle des Kyffhäuserdenkmals führt. Vor ihr aufgereiht die historischen Uniformen der friederizianischen Gründungskameradschaft. *(Stadtarchiv Kassel)*

Stadt Kassel statt. Die Einwohnerschaft verdoppelte sich in diesen Tagen. Der beeindruckenden logistischen Leistung des Kyffhäuser-Tagungsbüros in Kassel war es zu verdanken, daß es Nahrung und Unterkunft für die über 100 000 Gäste gab. Die Feiertage standen ganz im Zeichen des Gedenkens der letzten Kriege und der Pflege der Kameradschaft. Aus England, Frankreich und anderen europäischen Ländern waren Vertreter der dortigen Veteranenorganisationen gekommen. Ihnen allen war die über die ehemaligen Fronten reichende Kameradschaft der Front gemeinsam. Gesprochen wurde viel von Frieden und wenig von Politik. An den Ufern der Fulda bummelten die Veteranen in ihren historischen Uniformen, und alles in allem hatte dieser Reichskriegertag mehr den Charakter eines Volksfestes als den einer militärischen Kundgebung.

Zum Reichskriegertag 1937 kamen 150 000 Frontsoldaten nach Kassel und Tausende von Gästen, viele davon aus dem Ausland. Der Vertreter der französischen Frontkämpfer, Pierre Fort, beschwor die „Feinde von gestern, Kameraden von heute, Freunde von morgen. So wie ihr, waren auch die französischen Frontkämpfer mutige Männer. Doch die vornehmste Pflicht der Männer unserer Generation, die den Krieg mitmachten, ist die, mitzuwirken am Aufbau des Friedens zwischen den Nationen. Der Frieden zwischen Deutschland und Frankreich ist mit einer der Haupt-

1937 fand wieder ein Reichskriegertag in Kassel in der Fuldaaue statt. Das Foto zeigt Generalfeldmarschall von Mackensen, der in seiner malerischen Husarenuniform die Parade der angetretenen Kriegervereine abnahm. Rechts neben ihm steht Reichskriegerführer Reinhard im dunkelblauen Anzug, der „Uniform" der Kyffhäuser-Veteranen. *(Stadtarchiv Kassel)*

bedingungen zum Frieden Europas. Die Männer des Krieges, dadurch, daß sie sich gegenseitig bekämpft, geben nun ihrem Volke und ganz Europa das Beispiel der Versöhnung und der ehrlichen Zusammenarbeit."[59] Auch die Vertreter der Frontsoldaten aus Italien, England und Ungarn fanden versöhnliche Worte,

Die noch ausgesprochen friedliche Grundstimmung des Reichskriegertages 1937 in Kassel zeigt diese Sammlung von zeitgenössischen Presseberichten.
(Stadtarchiv Kassel)

unterstützt von den Militärattachés aller in Deutschland vertretenen Länder. „Für den Kyffhäuserbund gipfelte dieser Reichskriegertag in der Erinnerung an die großen Materialschlachten der Westfront vor 20 Jahren und in einem eindringlichen Appell des Frontsoldaten an den Friedenswillen der Welt.“[60] Sinnbild für die Erinnerungen an die Kämpfe des Ersten Weltkriegs war der Ehrengast, Generalfeldmarschall von Mackensen. Der alte Herr belebte in seiner malerischen Husarenuniform das Bild und genoß die große Sympathie, die ihm entgegengebracht wurde.

Bei der Eröffnungsfeier betonte Bundesführer Reinhard: „Wenn wir Frontsoldaten von Italien bis England und von Deutschland bis Jugoslawien den Frieden wollen, dann müssen die Diplomaten folgen.“[61] Mit Vertretern der ausländischen Frontkämpferorganisationen besuchte er die Friedhöfe, auf denen englische, russische und deutsche Soldaten gemeinsam begraben waren. Auch in der Tagespresse spiegelt sich der Eindruck, daß dieser Reichskriegertag eine „gewaltige Kundgebung für den Frieden“[62] war.

Ein ganz anderes Bild bot der Reichskriegertag im Juni 1939. Er hieß jetzt Großdeutscher Reichskriegertag und der Kyffhäuserbund firmierte unter seiner neuen Bezeichnung NS-Reichskriegerbund. Es wurde schon dargestellt, daß der Bund seit 1938 dem Führer persönlich unterstellt war, und so ließ es sich dieser nicht

Anläßlich des Reichskriegertages legte General a. D. Reinhard am 3. Juni 1939 einen Kranz auf dem Friedhof für englische Kriegsgefangene nieder. Von links nach rechts: Der Kasseler Oberbürgermeister Gustaf Lahmeyer, der englische Militärattaché und Bundesführer Reinhard.
(Stadtarchiv Kassel)

nehmen, nach Kassel zu kommen. Der Gastgeber dieser Mammutveranstaltung, Bundesführer Reinhard, erinnert sich:

„Nach lang anhaltendem Regenwetter schien in den Tagen vom 2. bis 5. Juni 1939 die Sonne strahlend vom Himmel. Wohl weit über 1 Million Menschen strömte in Kassel zusammen und beleuchtete zum erstenmal einen Reichskriegertag, an dem ganz Großdeutschland vertreten war. Der Zustrom von Menschen war so mächtig, daß schon am 1. Juni abends die letzte Flasche Wein und jedes Faß Bier in Kassel ausgetrunken waren. In der Nacht zum 2. Juni mußte alles aus den nächsten großen Städten ergänzt werden.

Bei der Eröffnungsfeier des Tages konnte ich auch die Anwesenheit des Führers verkünden, der zum erstenmal zu einem Kriegertag erschien."[63] Zahlreiche ausländische Gäste waren gekommen. Darunter der italienische, japanische und finnische Militär-

Nachdem Hitler 1938 persönlich das Oberkommando über den von ihm in NS-Reichskriegerbund umgetauften Bund übernommen hatte, stand der Reichskriegertag 1939 in Kassel ganz im Zeichen des Führers. Auf dem Friedrichsplatz marschierten 110 000 im Bund organisierte Veteranen an ihm vorbei. *(Stadtarchiv Kassel)*

attaché, der Präsident der italienischen Frontkämpfer, der japanische Botschafter und Militärabordnungen aus Ungarn, Bulgarien, Finnland, der Slowakei und Spanien.

Reinhard zitiert eine seiner eigenen Reden mit den Worten: „Ich habe aus meinen Besuchen den Eindruck gewonnen, daß die Frontkämpfer, die sich als aufrichtige Kameraden gegenüber standen, einen neuen Krieg nicht wollen. Ich kann daher nur hoffen, daß die Frontsoldaten gegenüber den unverantwortlichen Kriegshetzern den Ausschlag zum Frieden geben werden.“[64] Skeptisch merkt er an: „Dem Soldatentum eines Landes ist der Politiker übergeordnet, und man konnte nur hoffen, daß auch er seine Ziele auf friedlichem Wege suchen würde.“[65]

Hitler kam und fuhr durch eine jubelnde Stadt. 110 000 im NS-Reichskriegerbund organisierte Veteranen waren auf der Karlswiese aufgestellt und marschierten innerhalb von drei Stunden an ihm vorbei. Von seiner mit Spannung erwarteten Rede notierte sich Reinhard: „In längeren politischen Ausführungen erwiderte Hitler. In seiner Rede kamen die Sätze vor: ‚Kein Volk und kein Regime werden Krieg führen, bloß um des Krieges willen. Nur im Gehirn gewisser jüdischer Literaten kann die Vorstellung Platz greifen, daß jemand aus reiner Lust am Töten oder Blutvergießen zum Kriege

Drei Monate vor Beginn des 2. Weltkriegs nimmt Hitler in Kassel die Parade der im NS-Reichskriegerbund organisierten Veteranen ab. Hinter ihm steht in Wehrmachtsuniform Reichskriegerführer Reinhard. *(Stadtarchiv Kassel)*

schreiten kann.‘ Er unterließ es dann aber nicht, die britische Politik als Einkreisungsidee Deutschlands früher und jetzt darzustellen. Ihr stellt er die Geschlossenheit Großdeutschlands gegenüber und begrüßte dabei Soldatenkameradschaft und die Teilnehmer des Reichskriegertages.“[66] Der Aufmarsch klappte, Hitler war zufrieden und begrüßte die ausländischen Gäste. „Auf letztere hatte alles einen großen Eindruck gemacht, namentlich hatten die alten Fahnen, die Blechmützen aus Friedrich des Großen Zeiten und die Bärenfellmützen der alten Kriegerkameradschaft Wiener Neustadt gefallen und Aufmerksamkeit verursacht. Den Kameraden aus den Alpenländern, aus Ober- und Niederdonau und aus dem Memelgebiet und Egerland waren stürmische Ovationen bereitet worden. Ein Festspiel ewiges Soldatentum und ein Riesenfeuerwerk beschlossen einen Tag, der im Ausland besprochen wurde und im Inland jedes Herz höher schlagen ließ, das ihn erlebte.“[67]

Weniger als drei Monate später begann der Zweite Weltkrieg. Der erste Großdeutsche Reichskriegertag sollte auch der letzte gewesen sein. Die geschmähten Literaten hatten Recht behalten, die Soldaten, die alten und die jungen, mußten wieder an die Front.

1943
Die Auflösung des NS-Reichskriegerbundes

1943 hatte der NS-Reichskriegerbund 4,3 Millionen Mitglieder, die in 42 000 Kameradschaften organisiert waren. Von den 4,3 Millionen Mitgliedern stammten 3 Millionen aus dem alten Reichskriegerbund Kyffhäuser aus der Zeit vor der Unterstellung unter Hitler 1938.

Am 4. März 1943 verfügte Hitler die Auflösung des NS-Reichskriegerbundes. Wie es dazu kam und wie es von den Betroffenen empfunden wurde, berichtet Reinhard in seinen Erinnerungen. Er sei hier als Zeitzeuge im Original zitiert:

„Ein trüber Tag ist angebrochen. Ich fahre mit Grothmann zum Büro. Über Berlin liegt Brandgeruch vom Fliegerangriff in der Nacht. Hier und da ist noch rötlicher Schein am Himmel von ungelöschten Bränden. Es ist der 1. März 1943.

Mir wird der Oberbefehlsleiter Friedrich aus München in Begleitung eines anderen Parteiangehörigen gemeldet. Man ahnt nichts Gutes. Beide ‚Kanarienvögel' (goldene Parteilitzen) betreten den Raum und setzen sich.

Friedrich trägt mir vor: ‚Herr General, im Auftrage des Führers habe ich mitzuteilen, daß der Reichskriegerbund mit seinen überörtlichen Organisationen aufgelöst wird. Das Gesamtvermögen, alle Liegenschaften und Stiftungen werden dem Reichsschatzmeister unterstellt und sind an ihn abzuführen. Sie, Herr General, haben den Bund zu liquidieren und wenn dies geschehen und gemeldet ist, von Ihrem Posten abzutreten. Und was Sie auch machen und unternehmen dagegen, wird dem Führer nicht gemeldet und vorgelegt.'

Friedrich erhebt sich und fragt, ob ich Einwendungen hätte. ‚Ja', sage ich. ‚So etwas kann man nicht im Kriege machen. Man kann in dieser schweren Lage Deutschlands nicht dem alten Soldaten eine seiner letzten Freuden rauben.' Friedrich weist auf den totalen Krieg hin. Ich entkräfte das, weil die 2000 Angestellten aller Verbände aus Männern über 70 Jahre genommen werden können, also aus Jahrgängen, die für den Krieg nicht mehr in Frage kommen.

Friedrich geht darauf nicht ein. ‚Ich habe zu fragen, ob Sie, Herr General, den Befehl des Führers nachkommen werden.' ‚Nein'. Friedrich verbeugt sich und geht. Ich blicke zum Fenster. Mir fällt das alte Lied ein ‚sei's trüber Tag, sei's heller Sonnenschein, ich will ein Preuße, will ein Preuße sein'. Ruhig und fest will ich meine Entschlüsse fassen und handeln!

Ich begebe mich zum Oberbefehlshaber des Ersatzheeres, dem General Fromm, um mit ihm die Maßnahme Hitlers zu besprechen. Fromm empfängt mich sofort. Er sagt: ‚Ich kann nichts machen. Der Reichskriegerbund untersteht dem Führer selbst. Ich gebe den Rat, fahren Sie sofort in das Führerhauptquartier und tragen Sie Hitler die Dinge selber vor'. Fromm ist im übrigen sehr erregt und außer sich über die die allgemeine Stimmung beeinträchtigende Handlung.

Der Tag wird benutzt, um eine eingehende Stellungnahme gegen den Befehl des Führers mit Goltz zusammen auszuarbeiten, die ich im Führerhauptquartier übergeben will.

Am 2.3. sage ich mich telefonisch im Hauptquartier beim Feldmarschall Keitel an. Er bittet mich, pünktlich um 11 Uhr vormittags zur Stelle zu sein. Die Schlafwagen nach Ostpreußen sind ausverkauft. Ich sitze im vollen Abteil des D-Zuges und versuche die Nacht durch Schlafen zu verbringen. Am 3. morgens verlasse ich in Gerdauen den Zug. Mich erwartet der Major Graf Dönhoff, der mich mit einem Auto des stellvertretenden Generalkommandos aus Königsberg nach dem Hauptquartier in Wäldern bei Rastenburg bringen soll. Ich muß drei SS-Linien passieren, werde förmlich und mißtrauisch behandelt, bin um ¾ 11 Uhr bei dem Bunker Keitel, erfahre von einem Offizier, daß der Feldmarschall eben durch das Lager gegangen und anwesend sei. Ich lasse mich melden. Ein junger Oberleutnant erscheint und teilt mir mit, daß der Feldmarschall abberufen und verreist sei. Wiederkehr vielleicht erst in Wochen. Auf meine Einwendung, ‚er ist ja aber erst eben hier gesehen worden,' bleibt der sehr unhöfliche junge Mensch bei seiner Auskunft. Ich war im offenen Auto bei strömenden Regen gefahren, und es regnete noch immer. Ich wollte zum Ziele kommen!

‚Dann führen Sie mich zur Unterkunft des Führeres, ich will mich da melden lassen'. Antwort des Offiziers: ‚Auf Fragen nach dem Aufenthalt des Führers steht Todesstrafe. Außerdem ist er nicht anwesend, sondern an der Front, wo, unbekannt.'

‚Dann wünsche ich den Verbindungsoffizier der Marine, Admiral Krancke, zu sprechen'. ‚Der Admiral hat vor 8 Tagen das Oberkommando der Marine in Frankreich bekommen und ist dorthin abgereist'. Finster steht mir der Adjutant Keitels gegenüber und sagt nichts mehr. Ich drehe ihm den Rücken. Es war kein Zweifel: Keitel kniff!

Ich erkundige mich nach dem Unterkommen Himmlers. Es lag etwa eine Autostunde weiter in Wäldern bei Großgarten. Völlig durchnäßt erreiche ich es gegen 2 Uhr mittags und lasse mich bei Himmler melden. Gegen 6 Uhr war ich dann bei Himmler. Er sagte mir, er hätte sich schon wegen meines Kommens erkundigt und gehört, daß der Reichskriegerbund auf Befehl Hitlers aufgelöst werden sollte. Er hätte auch schon von seinem Chef von meinem Versuch, Keitel zu sprechen, gehört. Er wolle nunmehr letzteren anrufen und mir für den kommenden Tag eine Rücksprache mit ihm verschaffen. Keitel wurde angerufen und ließ bitten, um 11 Uhr vormittags pünktlich zu erscheinen. Himmler verabschiedete sich gegen 10 Uhr, um zu arbeiten. Er sagte mir ‚kommen Sie doch dem Führer entgegen, und lösen Sie den Reichskriegerbund auf'. Ich verneinte schon allein wegen der Volksstimmung im Kriege.

Pünktlich war ich am 4. März bei Keitel und ließ mich melden. Ein ganz anderer, ganz junger Adjutant meldete, daß der Feldmarschall gerade abberufen sei und man wüßte nicht, wann er wiederkäme. Es könnte Tage dauern. Es war kein Zweifel mehr, Keitel kniff, wiederum.

Der Adjutant meldete aber weiter, er hätte den Auftrag, mich zum Reichsminister Bormann zu führen. Bormann erschien sofort mit einem anderen Parteimann. ‚Sie haben, Herr General', so begann er ‚namentlich in religiösen Dingen zwischengeredet, so daß die österreichischen Gauleiter die Auflösung des Reichskriegerbundes verlangt haben'...

‚Ich habe den Bund nach den Anweisungen des Führers und den Verabredungen mit der Partei geführt. Gegenteilige Wünsche der Gauleiter vermag ich nicht anzuerkennen.'

‚Auf Befehl des Führers wird der Bund aufgelöst. Ich bitte mir zu sagen, ob Sie diesem Befehl jetzt nachkommen werden.'

‚Nein, ich komme dem Befehl nur dann nach, wenn mich der Führer persönlich empfängt und den Befehl mir mitteilt, oder wenn ich von ihm schriftliche und von ihm unterzeichnete Anordnungen bekomme.' Ich füge hinzu, daß die Fortnahme des Vermögens und des Besitzes des Bundes Diebstahl an den Mitgliedern ist.

‚Aus dem enteigneten Vermögen soll eine Kyffhäuser-Stiftung entstehen, für die die Partei auch etwas tun wird, damit sie weiter Unterstützungen zahlen kann. Von einem Diebstahl kann daher keine Rede sein. Was könnte die Partei nach Ihrer Ansicht tun, wenn die Auflösung erfolgt ist?'

‚Kaufen Sie den Kyffhäuser, Forst Rathsfeld, für die Stiftung an, damit dort nach diesem Krieg wenigstens ein würdiges Denkmal entstehen kann.'

„Das kann geschehen. Im übrigen bitte ich Sie, in vier Tagen in der Reichskanzlei zu sein, um die Führerbefehle für die Auflösung in Empfang zu nehmen.‘

Ich war in der Reichskanzlei gewesen, um die Befehle des Führers in Empfang zu nehmen. Niemand war erschienen. Am Tag zuvor war München von Fliegern beworfen und dabei der Führerbau beschädigt worden. Dies hatte den Minister Bormann dort festgehalten. Mir war es bekannt, daß die Minister kaum noch zum Vortrag empfangen wurden. Helfen konnte mir daher auch kaum einer. Mir lag aber daran, daß der von mir als Entgegnung ausgearbeitete Bericht in die Hände Hitlers kam und von ihm gelesen wurde. Ich wandte mich an die uns bekannt gewordene Gattin des Generals Schmundt, des Chef-Adjutanten Hitlers, und bat sie, den Bericht ihrem Manne zu geben mit meiner Bitte, ihn dem Führer persönlich zu übergeben. Sie tat es und Schmundt teilte mir schriftlich kurz mit, daß er den Bericht gegen die Auflösung des Reichskriegerbundes Hitler übergeben hätte. Ich fragte Frau Schmundt, ob sie denn nicht wüßte, was Hitler zu der Sache geäußert hatte. ‚Jawohl, er äußerte nur: also Bormann.‘ Damit war die Angelegenheit diesem Parteiminister übergeben, der einst Feldwebel im Regiment List, Hitlers Truppe, gewesen war und wohl sein schlechter Geist genannt werden konnte. Bormann regierte wohl seit langem schon Deutschland im Innern. Wenigstens schien es mir so. An Hitler ließ er niemand mehr heran aus mir nicht durchsichtigen Gründen. Zum Teil geschah es wohl, weil der Führer kränker geworden war, seine Tobsuchtsanfälle sich mehrten und er, wie ich später erfuhr, nach den Ereignissen bei Stalingrad gänzlich mit den Nerven zusammengebrochen war. Er hielt sich wohl meistens nur noch auf dem Berghof auf. Warum, ist mir erst später klargeworden.

Anfang April werde ich erneut in die Reichskanzlei zum Minister Bormann gebeten. Er übergibt mir die Befehle Hitlers über die Auflösung des Reichskriegerbundes. Man konnte annehmen, daß in ihnen der Grund der Maßnahme auf meine Widersprüche in religiösen Angelegenheiten festgelegt worden wäre. Nichts von dem! Als Grund wird der totale Krieg genannt mit verschiedenen und gesuchten Nebenursachen.

Gleich nach meiner Rückkehr aus dem Führerhauptquartier hatte ich die Gaukriegerführer nach Berlin berufen und sie mit der beabsichtigten Auflösung des Reichskriegerbundes bekannt gemacht. Der Unwille hierüber, der sich schnell im ganzen Volk verbreitete, mochte schon nach oben durchgedrungen sein und die Maßnahme auf andere, statt auf religiöse Gebiete verlagert haben."[68]

Der schriftliche Befehl Hitlers bestand aus zwei Teilen, einem Brief an General Reinhard, in dem die Auflösung angekündigt und ihm für seine Arbeit gedankt wurde, und die eigentliche Verfügung, die den Charakter eines Gesetzes hatte. In eindeutiger Klarheit zeigte sie an, was ihr wirkliches Ziel war: die endgültige Übernahme des Bundes in die NSDAP, seine Unterordnung unter die Parteiideologie und das Ausschalten aller Elemente, die sich der Vorherrschaft der Partei widersetzen könnten. Ihr Text lautete:

Am 3. März 1943 löste Hitler durch Führerverfügung den NS-Reichskriegerbund Kyffhäuser auf. Die Auflösung betraf den Dachverband, die Gau- und die Kreiskriegerführungen. Die örtlichen Kameradschaften blieben bestehen, wurden aber der Partei unterstellt. In der Praxis bedeutete die Auflösung des Dachverbandes das Ende der Arbeit des Kyffhäuserbundes.
(Bundesarchiv, Koblenz)

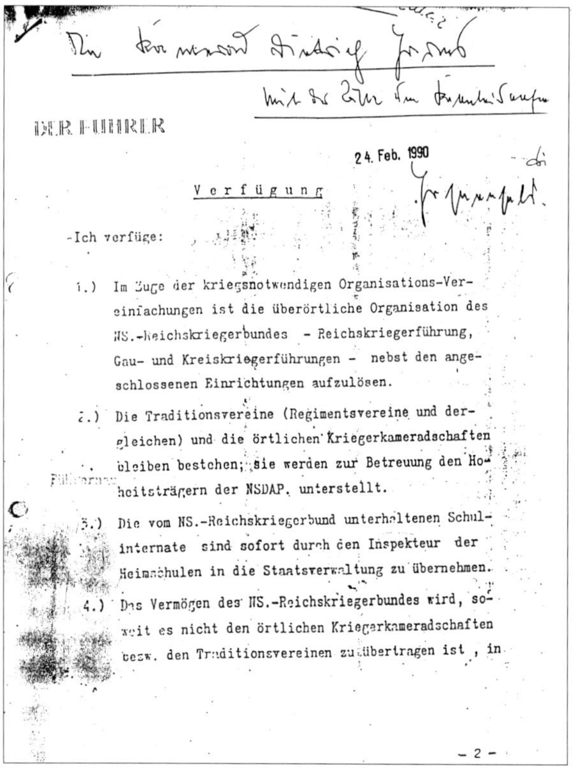
DER FÜHRER

24. Feb. 1990

V e r f ü g u n g

-Ich verfüge:

1.) Im Zuge der kriegsnotwendigen Organisations-Vereinfachungen ist die überörtliche Organisation des NS.-Reichskriegerbundes - Reichskriegerführung, Gau- und Kreiskriegerführungen - nebst den angeschlossenen Einrichtungen aufzulösen.

2.) Die Traditionsvereine (Regimentsvereine und dergleichen) und die örtlichen Kriegerkameradschaften bleiben bestehen; sie werden zur Betreuung den Hoheitsträgern der NSDAP. unterstellt.

3.) Die vom NS.-Reichskriegerbund unterhaltenen Schulinternate sind sofort durch den Inspekteur der Heimschulen in die Staatsverwaltung zu übernehmen.

4.) Das Vermögen des NS.-Reichskriegerbundes wird, soweit es nicht den örtlichen Kriegerkameradschaften bezw. den Traditionsvereinen zu übertragen ist, in

- 2 -

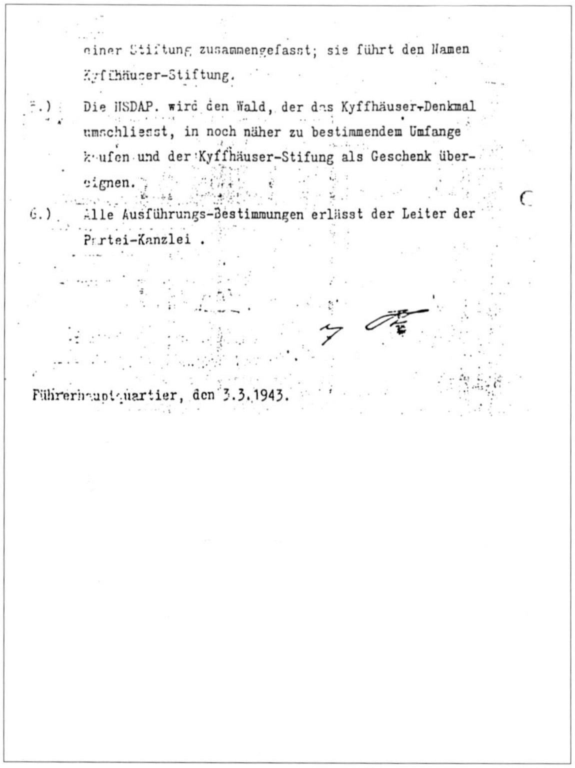
einer Stiftung zusammengefasst; sie führt den Namen Kyffhäuser-Stiftung.

5.) Die NSDAP. wird den Wald, der das Kyffhäuser-Denkmal umschliesst, in noch näher zu bestimmendem Umfange kaufen und der Kyffhäuser-Stifung als Geschenk übereignen.

6.) Alle Ausführungs-Bestimmungen erlässt der Leiter der Partei-Kanzlei.

Führerhauptquartier, den 3.3.1943.

‚Der Führer!
Verfügung.
Ich verfüge:

1. Im Zuge der kriegsnotwendigen Organisationsvereinfachungen ist die überörtliche Organisation des NS.-Reichskriegerbundes – Reichskriegerführung, Gau- und Kreiskriegerführungen, nebst den angeschlossenen Einrichtungen aufzulösen.
2. Die Traditionsvereine (Regimentsvereine und dergleichen) und die örtlichen Kriegerkameradschaften bleiben bestehen. Sie werden zur Betreuung den Hoheitsträgern der NSDAP. unterstellt.
3. Die vom Reichskriegerbund unterhaltenen Schulinternate sind sofort durch den Inspekteur der Heimschulen in die Staatsverwaltung zu übernehmen.
4. Das Vermögen des NS.-Reichskriegerbundes wird, soweit es nicht den örtlichen Kriegerkameradschaften bzw. den Traditionsvereinen zu übertragen ist, in eine Stiftung zusammengefaßt; sie führt den Namen Kyffhäuser-Stiftung.
5. Die NSDAP. wird den Wald, der das Kyffhäuser Denkmal umschließt, in noch näher zu bestimmendem Umfange ankaufen und der Kyffhäuser-Stiftung als Geschenk übereignen.
6. Alle Ausführungsbestimmungen erläßt der Leiter der Parteikanzlei.

gez. Adolf Hitler
Führerhauptquartier, den 3.3.1943.‘[69]

Damit war das Schicksal eines stolzen, volksverwachsenen Bundes, des größten Soldatenbundes der Welt, durch den eigenen Staatsmann besiegelt. Was Hitler schon 1934 versucht hatte, durch Hindenburg verhindert wurde, und wieder durch den Chef der S.A. Lutze erstrebt wurde, die Auflösung des nun 157 Jahre seit seinen Anfängen bestehenden Reichskriegerbundes, war Wirklichkeit geworden.“[70]

Im Rahmen der Abwicklung des Führerbefehls gab es natürlich Sitzungen, Besprechungen und Gespräche der leitenden Funktionäre des Kyffhäuserbundes. Reinhard faßte die allgemeine Meinung so zusammen: „In beiden Schreiben Hitlers hatte man von dem Verlangen der österreichischen Gauleiter des Reichskriegerbundes und den religiösen Differenzen nichts verlautbaren lassen. Man hatte nicht mehr gewagt, dies der deutschen Öffentlichkeit vorzusetzen. Die Auflösung des Bundes wurde auf den totalen Krieg abgestellt.

Die eigentliche Ursache geht aber aus dem zweiten Schreiben des Führers, der Verfügung, klar hervor. Die einzigen Schulinternate Deutschlands, die nicht unter nationalsozialistischer Leitung standen, mußten an den Staat abgegeben werden. Es waren die fünf Kinder-Waisenheime der sogenannten Kronprinz- und Kronprinzessinstiftung. Zehn Jahre lang hatte die Partei versucht, sie in die Hand zu bekommen. Ich hatte es stets abgelehnt, sie der NSDAP in Leitung zu übergeben. Jetzt war es im Kriege durch den Oberbefehlshaber verfügt. Was konnte der Bund machen? Was mußten die Hauptkriegerführer als Vertreter ihrer Männer beschließen?

Der Bund hatte keine Waffen, mit denen er dagegen zu Felde ziehen konnte. Putschversuche und Beeinflussungen hierzu waren etwa dasselbe, was der alte Soldat im Kriege 1914–1918 als Dolchstoß in den Rücken durch den Munitionsarbeiterstreik erfahren hatte. Ähnliches durfte er selbst nicht unternehmen. Wir konnten und wollten Deutschland jetzt nicht im Stiche lassen. Wir hießen den Befehl des Führers und Oberbefehlshabers nicht gut, aber beschlossen, ihm, im Kriege gegeben, nachzukommen, ohne der Auflösung des Bundes satzungsgemäß zuzustimmen.“[71]

Was Reinhard hier schreibt, war damals ohne Zweifel eine typische, sehr weit verbreitete Meinung in seinen Kreisen. (Heute wissen wir allerdings, daß die Fakten nicht so waren, wie er sie schildert. Der Munitionsarbeiterstreit im Januar 1918 hatte nur eine Woche gedauert und die militärische Kraft Deutschlands in keiner Weise beeinträchtigt. Auch die Dolchstoßlegende war wirklich nur eine Legende. Das hat die historische Forschung der letzten Jahrzehnte klar bewiesen. Die Dolchstoßlegende wurde bewußt von Ludendorff, in dessen Hand ganz wesentlich die Heerführung seit 1916 gelegen hatte, lanciert, um die militärische Niederlage zu vertuschen. Was die militärische Macht 1918 in Wahrheit zum Einsturz brachte, waren andere Gründe. Dazu gehörte die katastrophale Versorgungslage der hungernden Bevölkerung. Dazu gehörte aber auch die militärische Übermacht der Feinde. Und dazu gehörte die Überforderung der Soldaten im Feld, die in keiner Weise auf die unmenschlichen Bedingungen des Stellungskrieges vorbereitet waren. Demotivation und Verzweiflung bis hin zur Desertation waren Begleiterscheinungen dieser Überforderung, die nicht selten war.)[72]

Dieses Luftbild des Kyffhäuser-Denkmals wurde 1930 aus der Kanzel eines Klemm-Flugzeugs aufgenommen.
(Pohlmann)

Reinhard schreibt weiter: „Ich mußte mir klarwerden über die Art der Verabschiedung von den drei Millionen meiner alten Kameraden. Meine letzten Worte mußten würdig und militärisch sein, wie die Leute es gewünscht und erwartet hätten, die einst im Todesjahr Friedrichs des Großen in Wangerin in Pommern den Grundstein zum deutschen Reichskriegerbund gelegt hatten.“[73] Und so informierte der Bundesführer seine Kameraden nur kurz und trocken über die Fakten. Aber auch jetzt war er nicht bereit, die Führerschaft des Bundes öffentlich an die Partei abzugeben, zumindestens nicht in moralischer Hinsicht. „Mit dieser Neuregelung geht die Wahrung des Geistes, der im NS-Reichskriegerbund herrschte, auf jeden einzelnen von Euch über. Möge sich jeder allezeit der großen damit verbundenen Verantwortung bewußt bleiben.“[74]

An den hier beschworenen Geist der Kyffhäuser-Kameradschaft knüpfte Reinhard an, als sich 1953 die westdeutschen Veteranen zur Neugründung des Bundes zusammenfanden.

1943–1945
Die Kyffhäuserstiftung auf dem Kyffhäuser

Hitler ernannte General Reinhard zum Präsidenten der Kyffhäuser-Stiftung. Sowohl der Name der Stiftung wie auch die Präsidentschaft des im Bunde angesehenen Generals waren Teil der Verschleierungstaktik seitens der Partei, die den Eindruck erwekken sollte, auch nach der Auflösung des Bundes sei alles beim alten geblieben. Das Gegenteil war der Fall. Die Auflösung des Reichskriegerbundes war in Wirklichkeit ein Verbot. Der Verband in seiner Gesamtheit wurde beseitigt, der Name aus dem Vereinsregister gelöscht.

Auch dieses Lufbild, von einem Klemm-Flugzeug aufgenommen, zeigt das Kyffhäuserdenkmal, wie es sich 1930 darstellte. ***(Pohlmann)***

Die NSDAP hatte den Bund nicht auflösen können, weil der Reichskriegerbund eben keine Parteiorganisation war, sondern ein selbständiger eingetragener Verein mit eigenem Vermögen. Nur Hitler selbst konnte den Reichskriegerbund auflösen, und er hatte es auf Drängen der Partei getan. Die NSDAP eignete sich daraufhin das Vereinsvermögen widerrechtlich an. General Reinhard wurde entmachtet, der Reichsschatzmeister der NSDAP verfügte von nun an über das Geld des Reichskriegerbundes. Nur noch ein Teil der Zinseinnahmen blieb der Stiftung, die so wenigstens noch eine gewisse Unterstützung für notleidende Kameraden leisten konnte.

Die örtlichen Einheiten des Reichskriegerbundes waren zwar nicht aufgelöst, aber durch den Erlaß des Führers den örtlichen Parteiorganisationen unterstellt worden. Damit wurden sie praktisch in die Partei eingegliedert. Gegen diese Maßnahme gab es Widerstand an der Basis. Schon die Bundesnadel des NS-Reichskriegerbundes, die das traditionelle Emblem des Kyffhäuserdenkmals nicht mehr zeigte, sondern das Hakenkreuz, war an der Basis überwiegend abgelehnt worden. Dieser Widerstand konnte aber nicht zum Tragen kommen, da die Dachorganisation, bei der er sich hätte artikulieren können, nicht mehr existierte. Aus den Protokollen vieler Kameradschaften läßt sich erkennen, daß vielerorts einfach keine offiziellen Kameradschaftstreffen mehr stattfanden. Die Kameradschaften schliefen einfach ein, was die Mitglieder aber nicht daran hinderte, sich sozusagen inoffiziell weiterhin zu treffen, dann aber ohne die Oberaufsicht der Partei.

Reinhard nahm für sich und die Stiftung seinen Sitz auf dem Kyffhäuser und versuchte, mit den ihm noch verbliebenen Mitteln die Unterstützungszahlungen an bedürftige Kameraden so gut es ging weiterzuzahlen. Weitere Befugnisse hatte er nicht mehr. Reinhards Arbeit litt unter dem immerwährenden Streit mit dem Reichsoberrevisor Müller, der mit der Abwicklung der Auflösung des Bundes betraut war. Das Haus des Reichskriegerbundes in der Geisbergstraße 2 in Berlin fiel im Januar 1944 einem Luftangriff zum Opfer, wodurch das umfangreiche Archiv des Kyffhäuserbundes zerstört wurde.

Da auch das Domizil der SS in Berlin zerbombt wurde, zogen

einige SS-Abteilungen ebenfalls auf den Kyffhäuser. Das SS-Heiratsamt, die Rasseabteilung und andere nahmen die Rothenburg, Haus Winterwand, Schloß Rathsfeld und den Burghof in Beschlag.

Der Krieg endete am 8. Mai 1945 mit der bedingungslosen Kapitulation des Dritten Reiches, und am 1. Juli 1945 übernahm die Rote Armee das Kommando über das Kyffhäusergebiet. Die Kyffhäuserstiftung wurde von dem Alliierten Kontrollrat sofort enteignet und die SMAD, die Sowjetische Militäradministration, herrschte von nun an über den Kyffhäuser und das Kyffhäuserdenkmal. Bestrebungen von Bürgern der Stadt Bad Frankenhausen, die Denkmalsfiguren am Kyffhäuserdenkmal zu entfernen und damit das Denkmal zu zerstören, wurden von einem jungen sowjetischen Offizier mit den Worten abgelehnt: „ Ihr Deutschen müßt endlich lernen, mit eurer Geschichte und mit euren Denkmälern zu leben.“ So blieb das Denkmal in seiner originalen Form erhalten und kam 1949 zur DDR.

1945–1990
Der Kyffhäuser in der DDR

Die DDR tat sich schwer mit dem Kyffhäuserdenkmal. Es stand da, beherrschend, unverrückbar und ungeliebt. Hier half nur eins, die Einordnung des Denkmals in das neue marxistisch-leninistische Geschichtsverständnis. Das Denkmal wurde zum abschrekkenden didaktischen Anschauungsmaterial: „Hier verfolgen wir die Geschichte unseres Volkes über mehrere Gesellschaftsepochen hinweg. Deshalb ist der Kyffhäuser ein sehr anschauliches Mittel zum Verständnis der Geschichte unseres deutschen Volkes, vor allem in der Zeit der Ausbeutergesellschaft. Der Kyffhäuser beweist uns freien Menschen heute die vielfältigen Formen der Ausbeutung in den vergangenen Gesellschaftsordnungen. So wurde er zu einem wichtigen Erziehungsmittel. Unsere schaffenden Menschen, unsere Jugend lernen vom Kyffhäuser, wie man Altes und Überlebtes durch die Kraft des Fortschritts zu besiegen hat“[75], schrieb SED-Funktionär Horst Müller.

Die Sage von dem das Reich einigenden Kaiser Barbarossa

wurde umgedeutet in die Sehnsucht nach einem deutschen sozialistischen Reich: „Der Traum unserer Vorfahren, der in der Kyffhäusersage zum Ausdruck kommt, wurde in unserem Arbeiter- und Bauernstaat zum Vorbild für ganz Deutschland großartig erfüllt.“[76] Trotzdem blieb das Problem, daß, wer über das Kyffhäuserdenkmal sprach, auch sprechen mußte über so unbeliebte Themen wie das wilhelminische Kaiserreich und den Kyffhäuserbund. Trotz aller Versuche, den Kyffhäuser in das herrschende Geschichtsbild einzubinden, blieb das Denkmal deshalb am Rande des Bewußtseins der DDR-Gesellschaft. Die DDR investierte kein Geld in seine Unterhaltung, so daß es ganz langsam verfiel.

Eine bessere Verwendung hatte die DDR für das Hotel Kyffhäuser und die Gaststätte Burghof gefunden, die der Reichskriegerbund unterhalb des Denkmals gebaut hatte. Beides ging in den Besitz des FDGB, des von der SED beherrschten Gewerkschaftsbundes der DDR, über. Der restliche Besitz des Bundes, der sich auf dem Gebiet der DDR befand, wurde an verschiedene neue Besitzer verteilt.

1952
Der Kyffhäuserbund gründet sich neu

Unermüdlich versuchte der inzwischen über 75jährige General a.D. Reinhard nach 1945, den Kyffhäuserbund zumindestens auf dem Gebiet der Bundesrepublik wieder zu beleben. Dazu gehörte als erster Schritt, den Bund neu zu gründen und zweitens der Versuch, das im Westen noch vorhandene Vermögen des Reichskriegerbundes Kyffhäuser zurückzubekommen. Nur so konnte der finanzielle Grundstock für die sozialen Aufgaben des Bundes geschaffen werden. Reinhard konnte seine Ziele nur zum Teil erreichen, aber es gelang ihm, wenigstens einen Teil der Vermögenswerte, die in der Bundesrepublik waren, für den Bund zurückzuerhalten.

Im September 1952 war es endlich soweit: Der Kyffhäuserbund – Bund ehemaliger Wehrmachtsangehöriger und Kriegsteilnehmer, ihrer Angehörigen und Hinterbliebenen – gründete sich neu. Er nahm seinen Sitz in Berlin und in Wiesbaden, wo er im Vereinsregister eingetragen wurde. Die Bundesregierung hatte ihn als Nachfolgeorganisation des Reichskriegerbundes anerkannt.

In seiner Satzung hieß es: „Der Kyffhäuserbund steht auf dem Boden der Demokratie, bekennt sich zu der im Bonner Grundgesetz verankerten Staatsauffassung und zu den Symbolen der Bundesrepublik."[77] Wieder stellte sich der Bund hinter die legitime Regierung seines Staates, und wieder – in gewollter Wahrung der Kontinuität – war es sein Ziel, ein Bund ehemaliger Soldaten zu sein, vaterländisch, überparteilich und sozial. Und wieder wollte er einigend wirken, missionarisch sogar: „Der Wunsch aller Mitglieder ist es, daß die traditionellen guten Werte des alten deutschen Soldatentums wieder zu einem echten Anliegen des gesamten deutschen Volkes werden."[78] Verstanden wurde darunter ein unter demokratischer Kontrolle stehendes Soldatentum der Kameradschaft, der sozialen Gesinnung und der Verteidigungsbereitschaft für das demokratische Deutschland.

Der Reichskriegerbund war seit seinem Entstehen national gesinnt, bis 1943 war ein starkes Deutschland sein klares Ziel gewesen. Insofern war der Bund immer politisch, wenn auch nicht parteipolitisch. Das geeinte Deutschland blieb auch jetzt sein Ziel, aber nicht mehr eines der Konfrontation, sondern eines, das eingebettet war in Europa. Damit hatte sich der Kyffhäuserbund dem Zeitgeist der 50er Jahre angepaßt. Der Präsident formuliert das selber ganz klar: „In einem Punkt bekennt sich der Kyffhäuserbund nachdrücklich als politisch, nämlich in seinem Bekenntnis zur Gemeinschaft der europäischen Völker. Wenn er für den einzelnen Kameraden, für unser Volk und unseren Staat Opfer zu bringen bereit ist, so auch für die europäische Völkerfamilie."[79]

Reinhard knüpfte an die seit dem Ersten Weltkrieg bestehende Kameradschaft der Front an, also an das über alle Grenzen hinweg verbindende Fronterlebnis ehemaliger Soldaten. Tatsächlich hatte der Reichskriegerbund immer enge Kontakte und Freundschaften zu den ausländischen Frontkämpfern gepflegt. Bis 1937 beziehungsweise 1939 waren die Vertreter Frankreichs und Englands gerngesehene und begeisterte Gäste auf den Reichskriegertagen gewesen, hatte ein reger Jugendaustausch stattgefunden und ein ebenso reger Besuchsverkehr zwischen den leitenden Funktionären. Reinhard selbst war Ehrenmitglied der Britischen Legion und verwies mit Stolz auf die Hilfe der Kyffhäuserkameradschaften in Amerika, die sie bis zum Eintritt der USA in den Zweiten Weltkrieg für die Verwundeten und Hinterbliebenen geleistet hatten.

Und noch eine politische Forderung wurde in der Gründungsveranstaltung 1952 erhoben: die nach der Freilassung derjenigen Soldaten, die noch immer in Kriegsgefangenschaft waren. Erst 1955 sollten die letzten aus Rußland nach Hause kommen.

Noch zweimal wurde der Name des Bundes geändert: 1961 in Deutscher Soldatenbund Kyffhäuser e. V. und 1977 in die kürzestmögliche Fassung Kyffhäuserbund. So wollte man einerseits an die Tradition des Anfangs anknüpfen und andererseits den Volkscharakter des Bundes betonen. Anknüpfen an die Tradition bedeutete Anknüpfen an die Tradition der sozialen Fürsorge, aber auch Weiterführen der Verteidigungsbereitschaft für den eigenen Staat. Zum Volkscharakter des Bundes gehörte die Erleichterung des Zugangs von Jugendlichen und Frauen, aber auch die konsequente Bejahung der Demokratie und ihrer Verfügungsmacht über die Bundeswehr.

Das Bild zeigt von links nach rechts: den stellvertretenden Inspekteur der Bundeswehr, Generalleutnant Dr. Schnell, den Präsidenten des Kyffhäuserbundes, Dieter Fischer, und den Vorsitzenden des Beirats für freiwillige Reservistenarbeit der Bundeswehr, Generalleutnant a. D. Kasch. ***(Kyffhäuserbund)***

1996
Der Kyffhäuserbund heute

Dem Kyffhäuserbund und dem ihm angeschlossenen Deutschen Jugendbund Kyffhäuser sind heute wieder 1500 Kameradschaften mit insgesamt 100 000 Mitgliedern angeschlossen. Ihm gehören ausgediente Soldaten aller Generationen an. Die älteste Generation stammt noch aus der bis 1935 existierenden Reichswehr. Viele Mitglieder gehörten der Wehrmacht an, die es von 1935 bis 1945 gab. Seit 1954 hat die Bundeswehr die Aufgabe der Verteidigung der Bundesrepublik Deutschland übernommen. Aus ihr stammen natürlich die meisten Mitglieder des Kyffhäuserbundes.

Nach wie vor ist das soziale Engagement des Bundes eine zentrale Aufgabe der Verbandsführung. Es werden Freiplätze bereitgestellt für bedürftige Mitglieder, soziale Einrichtungen und mildtätige Organisationen unterstützt und direkte Hilfe geleistet. Auch die Tradition, den Mitgliedern günstige Versicherungen anzubieten, wird weitergeführt.

Die Mittel für die soziale Arbeit entstammen nur eigenen Sozialwerken, der General-Reinhard-Spende, der General-Leeb-Stiftung, den Sozialwerken der einzelnen Landesverbände und den Vereinbarungen mit dem Verband der Kriegs- und Wehrdienstopfer, Behinderten und Sozialrentner Deutschlands und dem Bundeswehrsozialwerk. Dazu kommt, was die Mitglieder, die Kyffhäuser-Frauen und die Kyffhäuser-Jugend ehrenamtlich erarbeiten oder sammeln.

Die Ziele des Bundes definiert der seit 1985 amtierende Präsident des Kyffhäuserbundes, Dieter Fischer, so: „Aus der Verpflichtung zum Grundgesetz und zur freiheitlich-demokratischen Grundordnung bekennen sich seine Mitglieder zur helfenden Tatbereitschaft, zur bewährten Tradition im Fortschritt der Zeit und zur Pflichterfüllung gegenüber Volk und Staat. Der Kyffhäuserbund fühlt sich keiner politischen Partei verpflichtet und ist an keine Konfession gebunden.“[80] Fischer verweist auf die „Fürsorge für bedürftige Kameraden, die Pflege und den Schutz des Andenkens der Opfer beider Weltkriege, staatspolitische Bildungsarbeit und die Förderung der Verteidigungsbereitschaft sowie das Eintreten für die Ehre, das Ansehen und die Achtung des deutschen Soldaten in Vergangenheit und Gegenwart."[81]

Selbstverständlich sind die Pflege des Schießsports, die Zusammenarbeit mit der Bundeswehr und anderen soldatischen Verbänden und die Frauen- und Jugendarbeit zentrale Aufgaben des Bundes. Einen besonderen Schwerpunkt sieht Präsident Fischer im europäischen Bereich, wo der Bund eng mit den Veteranenorganisationen des europäischen Auslands zusammenarbeitet. Dazu gehören unter anderen der Deutsche Rat der Europäischen Bewegung, das Deutsche Komitee für Europäische Zusammenarbeit der Kriegsteilnehmer und der Kriegsopfer, die Confédération Européenne des Anciens Combattants und die Europäische Organisation der Militärverbände EUROMIL.

Die genannten Ziele des Bundes waren auch in der Zeit des kalten Krieges und des geteilten Deutschlands für die Öffentlichkeit im wesentlichen akzeptabel. Ganz anders lag und liegt der Fall bei zwei anderen Zielsetzungen des Bundes.

Das Bekenntnis zu den Leistungen der deutschen Soldaten in Vergangenheit und Gegenwart führte und führt noch heute zu öffentlichen Anfeindungen gegen den Kyffhäuserbund. Ob es das umstrittene Urteil des Bundesverfassungsgerichts betrifft, das die Aussage, Soldaten seien Mörder, nicht verbietet, ob es sich um die globale Diskriminierung der Wehrmacht handelt oder um die Schändung und Zerstörung von Denkmälern aus dem Kaiserreich oder der jüngeren Geschichte, immer befindet sich auch der Kyffhäuserbund im Kreuzfeuer der Kritik. Immer wieder wird ihm vorgeworfen, daß die bedingungslose Unterstützung des nationalen Gedankens in Zeiten, als das Militär nicht unter demokratischer Kontrolle stand, in die Irre geführt habe. In den Augen seiner Gegner war der Bund im Kaiserreich mit verantwortlich dafür, daß sich im militärischen Bereich Untertanengeist und kritikloses Unterordnen unter den Obrigkeitsstaat durchsetzen, Eigenschaften, die es später der NSDAP leichter machten, die Macht zu erringen. Beide Vorwürfe haben ihre Berechtigung, aber sie verkennen, daß der Kyffhäuserbund immer auch ein Kind seiner Zeit war. Er vertrat soziale Strukturen und Verhaltensweisen, die nicht er prägte, sondern die ihn prägten. Und er reihte sich ein in die überwältigende Mehrheit derer, die damals wie heute glauben, durch politische Abstinenz und den Rückzug ins Private politische Unschuld zu erwerben.

Für weite Bereiche der Öffentlichkeit der Jahre 1952 bis 1990 war es auch unverständlich, daß der Bund an der „Unteilbarkeit des deutschen Volkes und der Nation in einem freien Europa“[82], festhielt. Die Wiedervereinigung Deutschlands feierte der Kyffhäuserbund deshalb mit besonderer Freude, mit doppelter Freude, weil die Feier am Kyffhäuserdenkmal selbst stattfinden konnte. Für den Bund symbolisiert das Denkmal heute wieder die Einheit, zu deren Ehre es einst gebaut wurde: die Einheit sowohl der Organisation selber, wie auch die Einheit Deutschlands. Und es symbolisiert für den Kyffhäuserbund in der Tradition der Erbauer die Werte, die auch heute noch die seinigen sind und die in der Satzung so stehen: „Wir bekennen uns zu Volk, Vaterland und Staat, zu den Werten der Tradition und zum Guten der Vergangenheit.“[83]

Am 10. Mai 1992 feierte der Kyffhäuserbund am Kyffhäuserdenkmal das 100jährige Jubliäum der Grundsteinlegung. Ehrengast war Bundesminister a. D. Otto Graf Lambsdorff. Das Foto zeigt ihn im Gespräch mit Frau Jutta Apel (FDP Stadtverordnete) und dem Vizepräsidenten des Kyffhäuserbundes Walter Rukopf. *(Kyffhäuserbund)*

2. Teil
Das Kyffhäuserdenkmal – Von der Idee bis zur Einweihung 1896

Fahnen und Kyffhäuserdenkmal: Symbole der Kriegervereinskultur

Blick auf den Turm des Kaiser-Wilhelm-Denkmals auf dem Kyffhäuser, auch Kyffhäuserdenkmal genannt. Vor dem mit der Reichskrone gekrönten Turm steht das Reiterstandbild Kaiser Wilhelms I. *(Ullstein Bilderdienst)*

Die Kultur des Kriegervereinswesens ist geprägt von Symbolen und Wahrzeichen. Das Vereinsleben wird wesentlich durch Feste und Feiern gestaltet, und entscheidende Bestandteile dieser Feiern waren und sind Gegenstände mit Symbolwert. Zu den wichtigsten zählen Uniformen, der dunkelblaue Einheitsanzug, Waffen, Orden, Abzeichen und – ganz besonders prägend – die Fahnen. Das Fahnenmeer, das sich auch heute noch bei jeder offiziellen Feier des Kyffhäuserbundes entwickelt, verdient eine kurze Betrachtung und Erklärung.

Natürlich kam die Sitte, Fahnen als Wahrzeichen des einzelnen Kriegervereins zu wählen, aus der militärischen Tradition. Auf die Fahne hatten die Soldaten ihren Eid geschworen, unter ihr sich versammelt und sich mit ihr identifiziert. So war es nur natürlich, daß die Fahne für den einzelnen Kriegerverein zum bedeutendsten Symbol wurde.

Sie gehörte zu den ersten Anschaffungen nach der Gründung eines Kriegervereins. „Hinter ihr gruppierten sich die Mitglieder zu Umzügen, zu Spalieren oder zu Abordnungen anläßlich von Verbandstagen. Sie versinnbildlichte Trauer oder Freude der Gruppe, wenn sie auf Beerdigungen andächtig gesenkt oder bei Festmärschen stolz in den Wind hochgereckt wurde. Sie diente als Signal für die Eröffnung, die einzelnen Schritte des Ablaufs und für das Ende von Festen und Feiern. Um sie rankte sich eine Vielzahl von Ritualen, beginnend mit ihrer Gestaltung und Weihe, fortfahrend mit ihrer ordnungsgemäßen Abholung und Präsentation auf den zahlreichen alljährlichen Veranstaltungen und endend vielfach mit ihrer Übergabe an ein Museum zur würdigen Aufbewahrung. Die Fahne repräsentierte den Verein nach außen und stärkte die Gruppenbindungen nach innen.“[84]

Was die Fahne für den einzelnen Verein war, wurde 1896 das Kyffhäuserdenkmal für die Gesamtheit aller Kriegervereine.

Das Kyffhäuserdenkmal auf dem Kyffhäuserberg in Thüringen ist sozusagen das Über-Symbol, das perfekte Wahrzeichen des Kyffhäuserbundes. Von der Idee bis zur Realisierung, von der Planung bis zur Bezahlung war es ein Werk der Kriegervereine des zweiten Deutschen Kaiserreiches. Sie hatten es ihrem Kaiser, Wilhelm I., gewidmet, sein Nachfolger, Wilhelm II., weihte es am 18. Juni 1896 ein. Mit dem Bau hatten die Kriegervereine aber nicht nur ein steingewordenes Symbol ihres Strebens nach einem geeinten Deutschen Reich erschaffen, sondern es gleichzeitig erreicht, die Zersplitterung der Kriegervereine in zahllose kleine Einheiten durch das Schaffen eines übergeordneten Verbandes, des Kyffhäuserbundes, zu überwinden. Denn der Bauausschuß für das Denkmal entwickelte sich zu einer Dachorganisation, die fast alle Landesverbände organisatorisch zusammenfaßte und ab 1900 das deutsche Kriegervereinswesen insgesamt repräsentierte.

Am 2. Juni 1991 versammelte sich der Kyffhäuserbund zum erstenmal nach der Wiedervereinigung Deutschlands am Kyffhäuserdenkmal. Das bunte Fahnenmeer verwies auf die alte Tradition, die Fahnen für die Kultur der Kriegervereine von Anfang an hatten. *(Heese)*

Viele Traditionsfahnen der Kriegervereine erzählen Geschichte. Hier sehen wir die Fahne der Kyffhäuserkameradschaft Kassel-Wilhelmshöhe. Sie zeigt auf der einen Seite den Namen der Kameradschaft und ihr Gründungsdatum 1873. Auf der anderen Seite sieht man im Mittelfeld den Preußischen Adler, wie es sich in der Wangeriner Stammfahne darstellt, mit dem Gründungsdatum des Kyffhäuserbundes 1786. Das Mittelfeld steht vor dem weiß umrandeten Eisernen Kreuz vor rotem Hintergrund. ***(Kyffhäusermuseum)***

Die historische Fahne des Kriegervereins Welferode zeigt auf der einen Seite die Barbarossa-Krone im Mittelfeld, umrahmt von Eichenlaub vor den preußischen Farben schwarz-weiß-rot, und die Jahreszahlen 1907 und 1913. Auf der anderen Seite breitet der preußische Adler seine Flügel aus. Auch die Widmung „Mit Gott für König und Vaterland!" verweist auf Preußen. ***(Kyffhäusermuseum)***

Die historische Fahne der Kyffhäuser-Kameradschaft ehem. Artilleristen Wolfenbüttel zeigt auf der einen Seite im kobaltblauen Feld einen Eichenlaubkranz mit einer Artilleriegranate. Hinter ihr kreuzen sich die Reinigungsstäbe für den Kanonenlauf. Auf der anderen Seite steht in einem hellen Wappenfeld die Silhouette des Kyffhäuserdenkmals und darunter das Eiserne Kreuz. *(Kyffhäusermuseum)*

Auch die historischen Fahnenspitzen gab es in verschiedenen Ausführungen. Zu der Fahne der Kyffhäuserkameradschaft Kassel-Wilhelmshöhe von 1873 gehört die Fahnenspitze, die auf dem oberen Teil des Eisernen Kreuzes den Turm des Kyffhäuserdenkmals trägt. Ebenfalls das Kyffhäuserdenkmal zeigt eine etwas spätere Fahnenspitze, bei der das Denkmal von einem Lorbeerkranz umhüllt wird. *(Kyffhäusermuseum)*

1888
Der ideale Standort

In dieser Illustration aus dem 19. Jahrhundert erwacht Barbarossa und greift zu seinem Schwert, bereit zu neuen Taten. Über ihm schwebt der preußische Adler, die Raben fliegen davon. ***(Sängermuseum)***

Das Kyffhäuserdenkmal steht auf dem Kyffhäuserberg, einem langgezogenen Bergrücken im Norden Thüringens. Die Erbauer des Denkmals fanden dort die Überreste einer mächtigen mittelalterlichen Reichsburg vor. Schon früh war ihr Name mit dem Friedrich I. Barbarossas verbunden worden. Die Regierungszeit dieses Stauferkaisers und die seines Nachfolgers Friedrich II. war als eine Blütezeit des Römischen Reiches Deutscher Nation, als eine Zeit des Friedens und des Wohlstands für seine Bewohner, in die Geschichte des Mittelalters eingegangen.

Später, als Krieg, Pest und Hungersnot über die Menschen kamen, wuchs die Sehnsucht nach Frieden und einem Herrscher, der diesen Frieden bringen konnte. So entstand die Sage von Friedrich Barbarossa, der im Kyffhäuserberg schläft und darauf wartet, eines Tages wieder gerufen zu werden, um aus dem zersplitterten, uneinigen, von Kriegen und Nöten gebeutelten Deutschland wieder ein Reich zu schaffen, in dem die Menschen in Frieden leben könnten. Die Sage war sehr populär, sehr bekannt und beliebt. Sie blieb Folklore bis zu den Freiheitskriegen. Dann, in den Jahren 1816/1817, machte ein Dichter daraus Politik. Das Gedicht, das er damals schrieb, wurde zu einer Art Programmgedicht für das wilhelminische Kaiserreich. Es wurde zum Symbol für sein politisches Wollen, für sein Anknüpfen an die Größe des Heiligen Römischen Reiches deutscher Nation und für seinen Anspruch, direkter Nachfolger dieses Reiches zu sein. Das Gedicht, das soviel Wirkung zeigte, hieß „Kaiser Friedrich Barbarossa“ und war von Friedrich Rückert. Es lautete:

Der alte Barbarossa,
Der Kaiser Friederich,
Im Unterirdsch'schen Schlosse
Hält er verzaubert sich.

Er ist niemals gestorben,
Er lebt darin noch jetzt:

Er hat im Schloß verborgen
Zum Schlaf sich hingesetzt.

Er hat hinabgenommen
Des Reiches Herrlichkeit,
Und wird einst wiederkommen
Mit ihr zu seiner Zeit.

Der Stuhl ist elfenbeinern,
Darauf der Kaiser sitzt;
Der Tisch ist marmelsteinern,
Worauf das Haupt er stützt.

Sein Bart ist nicht von Flachse,
Er ist von Feuersglut,
Ist durch den Tisch gewachsen,
Worauf sein Kinn ausruht.

Er nickt als wie im Traume,
Sein Aug' halb offen zwinkt;
Und je nach langem Raume
Er einem Knaben winkt.

Er spricht im Schlaf zum Knaben:
Geh hin vor's Schloß, o Zwerg,
Und sieh ob noch die Raben
Herfliegen um den Berg.

Und wenn die alten Raben
Noch fliegen immerdar,
So muß ich auch noch schlafen
Verzaubert hundert Jahr.

Seit den Freiheitskriegen gegen Napoleon und der Revolution 1848 wurde der Barbarossa-Stoff verknüpft mit dem Kyffhäuserberg, und immer spiegelte er stets unmißverständlich die Sehnsucht nach einem geeinten und mächtigen Deutschland. Erfüllt wurde dieser Traum den Anhängern des kleindeutsch-protestantischen Kaisertums mit der Reichsgründung von 1871. Enthusiastisch feierte man Wilhelm I. als die „herrlichste Erfüllung der Kaisersage. In ihm, dem Barbablanca, war der eigentliche Erbe und Erlöser Barbarossas entstanden: „Der Weißbart auf des Rotbarts Throne."[85] Es war deshalb ganz logisch, daß Alfred Westphal, als er die Idee für den Bau des Denkmals hatte, sofort auch an den Kyffhäuserberg als Standort dachte. Er lag damit ganz im Trend seiner Zeit. Denn es war ausgesprochen Mode, Denkmäler fernab von jeder Stadt auf einem Berg weithin sichtbar werden zu lassen und dem Betrachter damit – ganz in der Tradition von Empfindsamkeit und Romantik – ein starkes Naturerlebnis zu vermitteln, um ihn für die Botschaft des Monuments doppelt empfänglich zu machen. „Durch seine isolierte und zugleich dominante Lage im Herzen des Reiches, in freier Landschaft, also in einer dem Alltag entrückten Umgebung und verbunden mit der

Um 1840 sah man auf dem Kyffhäuserberg von der mittelalterlichen Burg nur noch den Barbarossaturm und einige Mauerreste. Der Stahlstich von Varall nach einer Zeichnung von Otto Wagner zeigt einige romantische Wanderer, die die Ruinen besichtigen. ***(Zunkel: Nordthüringer Heimatbilder)***

als unvergänglich erfahrenen Natur, sollten der Ewigkeitsanspruch und die umfassende Geltung des Denkmals zur Wirkung kommen."[86] Ganz ähnlich hatten die Erbauer anderer Denkmäler der gleichen Zeit gedacht, denn alle diese Merkmale gelten nicht nur für das Kyffhäuserdenkmal, sondern genauso für das Denkmal Hermann des Cheruskers auf einer Höhe des Teutoburger Waldes, auf die Walhalla bei Regensburg, die Befreiungshalle oberhalb Kelheims, die Denkmäler auf dem Niederwald, der Porta Westfalica und die zahlreichen Bismarcktürme, die im 19. Jahrhundert entstanden sind.

So konnte Alfred Westphal, der Schriftführer im Vorstand des Deutschen Kriegerbundes, sich einer breiten Zustimmung sicher sein, als er in der Bundeszeitung „Parole" am 22. März 1888 seinen Aufruf veröffentlichte, dem wenigen Tagen vorher gestorbenen Kaiser Wilhelm I. auf dem Kyffhäuser ein Denkmal zu setzen. Erbauer und Finanzierer des Denkmals sollten die deutschen Kriegervereine sein. An anderer Stelle wurde schon berichtet, daß Westphals Hoffnung, durch ein großes, gemeinsames Projekt die über 16 000 Kriegervereine zu einigen, in Erfüllung gegangen ist. Nach vielen Diskussionen auch anderer Standorte und Modelle, einigte man sich letzten Endes auf den Kyffhäuserberg und die Künstler, die das Denkmal ausführen sollten.

1888–1896
Das Denkmal wird erbaut

Im Oktober 1889 schrieb der Denkmalauschuß gemeinsam mit dem Landesherrn und Protektor des Denkmals, Fürst Georg II. zu Schwarzburg-Rudolstadt, ein Preisausschreiben aus für die geplante Gestaltung des Denkmals. Die Bedingungen waren sehr weit gefaßt. Nur der Ort, der Erhalt des mittelalterlichen Burgturms und die soldatische Ausgestaltung einer eventuell geplanten Kaiserfigur waren vorgegeben. Die Kriegervereine wollten ihren Kaiser so sehen, wie sie ihn kannten: im Waffenrock. 24 Entwürfe gingen ein, von denen aber nur einer erhalten geblieben ist. Alle wurden in Berlin auf einer Kunstausstellung vorgestellt. Kaiser

Der Ausschnitt aus einem Ölgemälde von Hermann Krüger (1893) zeigt den Kyffhäuser während des Baus des Kyffhäuserdenkmals. 1892 war der Grundstein für den Denkmalbau gelegt worden. Nun sieht man gegenüber dem mittelalterlichen Barbarossaturm schon sehr gut die Terasse und den Sockel für den Denkmalsturm, der 1896 eineweiht wurde. ***(Zunkel: Nordthüringer Heimatbilder)***

Wilhelm II. und eine Jury begutachteten die Wettbewerbsbeiträge und entschieden sich für den Entwurf von Bruno Schmitz, der in Berlin kein Unbekannter war. Er hatte 1881 den ersten Preis bei dem Preisausschreiben für das Denkmal für Viktor Emanuel in Rom gewonnen, ebenso den für das Nationaldenkmal Kaiser Wilhelms I. in der Rheinprovinz. Später erhielt er auch die Aufträge als Architekt des Kaiser-Wilhelm-Denkmals an der Porta Westfalica und des Völkerschlachtdenkmals in Leipzig.

Schmitz erhielt den Auftrag, das Denkmal zu bauen. Er begann mit den Bauarbeiten im Oktober 1890. Allerdings hatte sich die Jury entschlossen, die Figuren des Denkmals, die bereits in seinem Entwurf vorgesehen waren, noch einmal neu auszuschreiben. Dies geschah erst im Juni 1891, nachdem der Bau bereits begonnen hatte. Als Ergebnis dieses Wettbewerbs übernahm der Berliner Bildhauer Emil Hundrieser die Gestaltung des Reiterstandbilds von Wilhelm I. und den ihm zu Füßen beigegebenen Gestalten des Kriegers und der Geschichte. Nicolaus Geiger gestaltete die wuchtige Gestalt des Kaisers Barbarossa, der in seinem unterirdischen

Das letzte monumentale Denkmal von Bruno Schmitz wurde 1913 eingeweiht. Das Völkerschlachtdenkmal in Leipzig erinnert an die 100jährige Wiederkehr der entscheidenden Schlacht während der preußischen Befreiungskriege gegen Napoleon I. im Oktober 1813.
(Jahrbuch des Deutschen Kriegerbundes 1913)

Schlosse auf seine Auferstehung wartet. Die ornamentalen Bildhauerarbeiten wie Reichsadler, Wappen, Krone und die Kapitelle der Rundbögen übernahm der Bildhauer August Vogel.

Die Bauarbeiten waren von Anfang an schwierig. Da war zuerst das finanzielle Problem. Mit 400 000 Mark hatte der Bund ursprünglich gerechnet, aber am Ende mußten 1 452 241,37 Mark bezahlt werden. Eine gigantische Leistung, wenn man bedenkt, daß keine einzige öffentliche Mark darin enthalten ist, sondern der ganze Betrag von den Mitgliedern des Kyffhäuserbundes aufgebracht wurde. Das klingt so einfach und war so schwer. Alfred Westphal legte zwei Anleihen von insgesamt 500 000 Mark auf, ging auf Werbereisen, überschwemmte das Land mit einer Flut von Informationsblättern und sorgte dafür, daß ausreichend Presseartikel im ganzen Reich erschienen. Aber auch die einfachen Mitglieder des Bundes sammelten Geld auf jede erdenkliche Weise. Laienspiele wurden aufgeführt und Scheiben und Nagelbretter entworfen, die als Schießscheiben dienten. Sammlungen ohne Zahl wurden durchgeführt. Alles zusammen führte schließlich zum Erfolg.

Dafür kam es beim Bau zu technischen Schwierigkeiten. In dem Versuch, die Kosten nicht noch weiter explodieren zu lassen, wurde das Denkmal direkt in die mittelalterliche Burganlage gesetzt, von der Teile als Steinbruch genutzt wurden. Die so erfolgte Zerstörung der mittelalterlichen Reichsburg wurde vor Ort sehr kritisch aufgenommen. Während der Bauarbeiten gab es sowohl technische wie auch soziale Konflikte. Es kam zu Unfällen, von denen drei mit dem Tod der Bauarbeiter endeten. Endlich wurden eine Dampfmaschine, Bauaufzüge und zusätzliche Schutzgerüste eingesetzt, so daß sich die Situation verbesserte.

Alfred Westphal, der inzwischen den Denkmalausschuß federführend leitete, machte den Bau zu seinem Lebenswerk. Dank seiner Arbeit konnten die vorgesehenen Termine eingehalten werden: am 10. Mai 1892 wurde die Grundsteinlegung feierlich begangen. Die Wahl des Termins hatte symbolische Bedeutung. Es war der Jahrestag des Frankfurter Vertrages von 1871, als der endgültige Frieden zwischen Deutschland und Frankreich geschlossen wurde. Ein Vertrag allerdings, der von den deutschen Siegern

Der Bau des Kaiser-Wilhelm-Denkmals auf dem Kyffhäuser machte seinen Architekten, Bruno Schmitz, berühmt. Nach dem Kyffhäuserdenkmal erbaute er die Denkmäler an der Porta Westfalica (1892–96), am Deutschen Eck in Koblenz (1894–97) und das Völkerschlachtdenkmal in Leipzig (1898–1913). *(Kyffhäuserbund)*

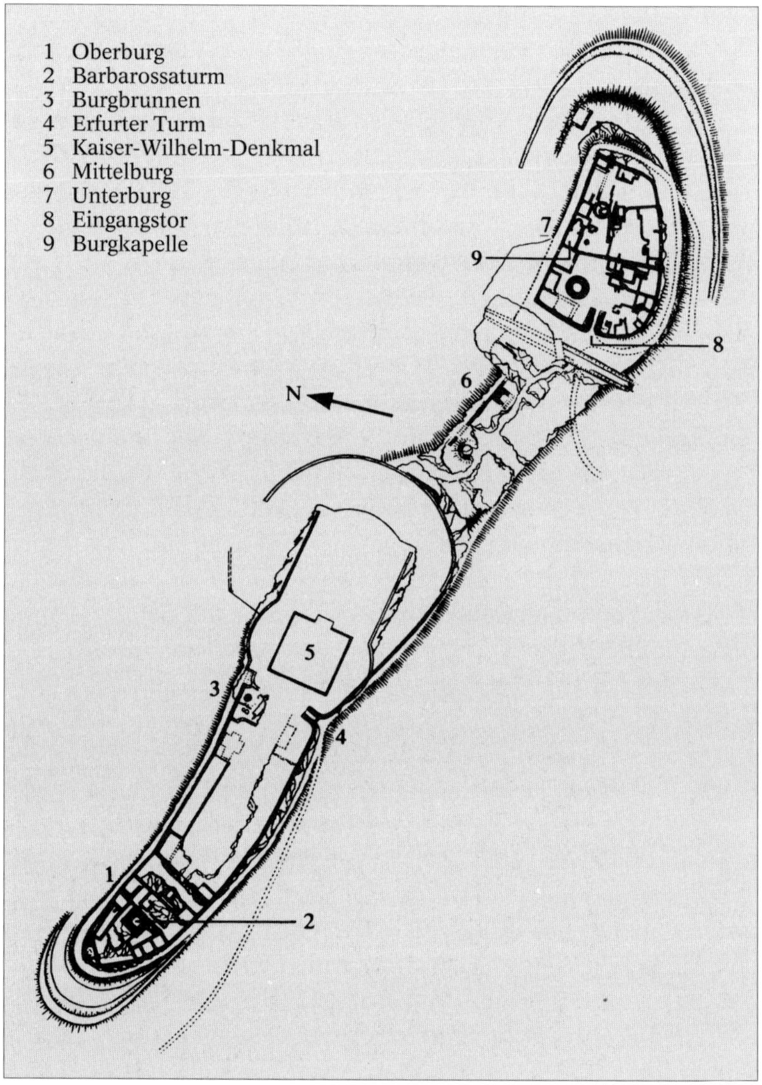

Dies ist der Grundriß der Gesamtanlage auf dem Kyffhäuser, wie er sich nach dem Bau des Kaiser-Wilhelm-Denkmals darstellt. Deutlich erkennbar ist, wie der Turm und die Terrassenanlage des Denkmals in die Schnittstelle zwischen der Oberburg und der Mittelburg gebaut wurde. Von der Oberburg steht noch der Barbarossaturm, die Mittelburg wurde teilweise überbaut und teilweise als Steinbruch benutzt, nur die Unterburg ist noch in ihrer ursprünglichen Form erhalten. ***(Burgenarchiv, Institut für Kunstgeschichte, Universität Halle)***

diktiert worden war und von den Franzosen als so schmachvoll empfunden wurde, wie später in Deutschland der Frieden von Versailles.

Zum Zeitpunkt der Grundsteinlegung hatte sich das Burgareal vollkommen verändert. Die mittelalterliche Reichsburg war nur noch teilweise vorhanden. An dem Ort, wo ihre Mitte gewesen war, war eine große Ringterrasse entstanden, die den Gästen der Feier einen Eindruck gab von der Monumentalität des geplanten Bauwerks. Noch überragte der mittelalterliche Barbarossaturm im Hintergrund die erhöhte, ebenfalls fast fertige Mittelterrasse mit ihren zierlichen Erkertürmchen. Hier wurde feierlich der Grundstein gelegt für den geplanten Denkmalsturm, der mit seinen 69 Meter Höhe den alten Burgturm zum Zwerg degradieren sollte.

Türme auf exponierten Höhen wurden im wilhelminischen Reich zu Hunderten erbaut. Auch sie bezogen sich auf das mittelalterliche Vorbild des alten deutschen Reiches. „Nichts anderes als eine Konzentration des Begriffes Burg auf das eine bergfriedartige Zeichen war mit ihnen gemeint, und wirklich hieß es über den Kaiserturm auf dem Kyffhäuser: „Er ist gleichsam ein idealisiertes, auf seinen Kern zurückgeführtes Bild der wiedererstandenen Barbarossa-Burg.“[87]

Zur Feier der Grundsteinlegung waren 15 000 Veteranen der Kriege von 1864, 1866 und 1870/71 gekommen. Der fürstliche Protektor,der Fürst von Schwarzburg Rudolstadt, und zahlreiche

Alfred Westphal (rechts) mit Handwerkern zu Füßen der Terrasse des Denkmalturms etwa 1892–1896. Im Hintergrund ein Pferdewagen. *(Heese)*

Es war ein stolzer Augenblick für den Kyffhäuserbund, als am 10. Mai 1892 die Grundsteinlegung des Denkmals gefeiert wurde. Den 10. Mai hatte man gewählt, weil er an den Frankfurter Frieden erinnerte, der 1871 den Krieg gegen Frankreich beendet hatte.
(Stadtarchiv Bad Frankenhausen)

Kaiser Wilhelm-Denkmal.

Grundsteinlegung am 10. Mai 1892

Mittags 1 Uhr.

Programm.

1. Empfang Sr. Durchlaucht des Fürsten zu Schwarzburg-Rudolstadt, des hohen Protectors, durch den geschäftsführenden Ausschuß, bezw. den Vorsitzenden desselben, Se. Excellenz den Königlichen General-Lieutenant z. D. v. Renthe gen. Fink.
2. Gesang: „Friedrich Rothbart“ von Emanuel Geibel, componirt von Theod. Podbertsky. — Gesangvereine Frankenhausen.
3. Festrede des Schriftführers Dr. Westphal und Verlesung der Urkunde.
4. Einfügen der unterschriebenen Urkunde in den Urkundenkasten und Einfügung desselben in den Grundstein. Während dessen Gesang: „Deutscher Schwur“ von Ernst v. Wildenbruch, componirt von Werner Rolopp. — Liedertafel Nordhausen.
5. Hammerschläge Sr. Durchlaucht, dem der Hammer durch den Vorsitzenden des geschäftsführenden Ausschusses überreicht wird; der übrigen von Höchstdemselben dazu befohlenen Personen, sowie der Mitglieder des geschäftsführenden Ausschusses und der Vertreter größerer Kriegerverbände.
6. Ansprache Sr. Durchlaucht des Fürsten-Protectors. Hoch auf Se. Majestät den Kaiser.
7. Choral: „Lobe den Herren“ von Joachim Neander, Tonsatz von Palme. Vers 1 bis 3. Vereinigter Sängerchor Frankenhausen-Nordhausen.
8. Weihrede des Geistlichen, Oberpfarrers Hesse. Segen.
9. Choralvers 4 von „Lobe den Herren“.

Ehrengäste legten eine Urkunde in den Grundstein. Sie lautete: „Das Deutsche Volk, jahrhundertelang durch Uneinigkeit zerrissen und in politischer Ohnmacht versunken, errang neue Macht und Ansehen durch Kaiser Wilhelm I., den Hohenzollern. Unter Seiner Führung erhoben sich Deutschlands Fürsten und Volk einmüthig gegen den welschen Angreifer; nach siegreichem Kampfe wurde ein neues Deutsches Reich gebildet, und die Kaiserwürde, erblich im erlauchten Hause der Hohenzollern, erneuert. Nach seinem Heimgange weihen Ihm als Ausdruck ihrer Gesinnungen dies Denkmal die Deutschen Kriegerverbände. Auf dem Kyffhäuser, in welchem nach der Sage Kaiser Friedrich der Rothbart der Erneuerung des Reiches harrte, soll Kaiser Wilhelm des Weißbarts Denkmal erstehen, der die Sage erfüllt hat.“[88]

Damit war noch einmal ganz klar die Zielsetzung zum Ausdruck gebracht worden, die Alfred Westphal, seinen Kaiser und den Fürsten von Schwarzburg-Rudolstadt sowie Hunderttausende von ehemaligen Kriegern dazu bewogen hatte, das gigantische Vorhaben des Denkmalbaus in Angriff zu nehmen.

1896
Die Einweihungsfeier wird vorbereitet

Für die Einweihung des Kyffhäuserdenkmals wählte man wieder ein geschichtsträchtiges und symbolisches Datum: den 18. Juni 1896. Damit sollte gleich an drei nationale Gedenktage erinnert werden. Am 18. Juni 1675 hatte der Große Kurfürst bei Fehrbellin über die Schweden gesiegt und den Grundstein für Preußens spätere Größe gelegt, also auch den Grundstein für das Kaiserreich Wilhelms I. (In Wirklichkeit fand die Schlacht allerdings erst am 28. Juni statt). Zeitnaher und wichtiger für die Hohenzollernkaiser war die Erinnerung an den Sieg von Belle-Alliance am 18. Juni 1815. Der Sieg über Napoleon I., besser bekannt unter der Bezeichnung Sieg bei Waterloo, beendete die französische Vorherrschaft in Europa und war der krönende Abschluß der deutschen Freiheitskriege. Auch dies war ein wichtiger Schritt auf dem Weg zur kleindeutschen Lösung, also der Einigung Deutsch-

Auf den Postkarten, die zur Einweihung des Denkmals 1896 gedruckt wurden, zeigt sich das Denkmal so, wie es von den Gästen der Feier erlebt wurde. Denkmalsarchitektur, Kaiser-Wilhelm-Reiterstandbild und der schlafende Barbarossa sind die Wahrzeichen des Denkmals, aber auch der tourististische Aspekt war abgedeckt, wie das Kyffhäuser-Hotel und die Gaststätte am Burghof beweisen. ***(Kyffhäusermuseum)***

lands ohne Österreich und unter preußischer Vorherrschaft. Sozusagen der dritte und letzte Schritt zur Einheit der Nation symbolisiert der 18. Juni 1871. Nach seinem Sieg über Frankreich und seiner Proklamation zum deutschen Kaiser in Versailles war Wilhelm I. an diesem Tag unter dem Jubel der Massen in Berlin eingezogen.

Das Kaiser-Wilhelm-Denkmal zeigte Wilhelm I., zu dessen Erinnerung es erbaut wurde. Aber auch sein Enkel Wilhelm II. wird mit dem Denkmal in Verbindung gebracht. Er weihte es ein und folgte seinem Großvater und Vater im Dreikaiserjahr 1888 als Wilhelm II. nach.
(Kyffhäusermuseum)

Alle Termine, an die bei der Einweihungsfeier am 18. Juni 1896 erinnert werden sollte, waren Schritte zur Einheit der Nation unter Preußens Vorherrschaft. Das Motto „Für Kaiser und Reich" hatten die Erbauer des Kyffhäuserdenkmals im Wappen des Turmes oberhalb von Wilhelms Reiterstatue einmeißeln lassen. Es bedeutete beides: der Stolz auf die erreichte Einheit und das Bekenntnis zur

Ein besonderes Kuriosum ist diese Postkarte von 1912. Sie ist sozusagen Science-fiction und zeigt den Kyffhäuser so, wie er im Jahre 2000 aussehen könnte. Verblüffend, wieviel davon wahr geworden ist! *(Kyffhäusermuseum)*

Monarchie, also einer Staatsform, die auf die Hohenzollernkaiser zugeschnitten war und sich den moderneren Tendenzen der Zeit verweigerte. (An anderer Stelle wurde bereits darauf eingegangen, daß die deutschen Kriegerverbände alles ablehnten, was nach Katholizismus, Sozialismus, Internationalismus und Demokratie klang. Sie blieben der Monarchie treu.)

Der 18. Juni 1896 sollte zu einer prächtigen und kostspieligen Demonstration des Mottos „Für Kaiser und Reich" werden. Der Kaiser würde kommen und mit ihm alle deutschen Reichsfürsten und die Bürgermeister der freien Hansestädte. Aus allen deutschen Landen würden die alten Krieger anreisen, die Veteranen der Kriege und Schlachten, die Wilhelms Kaiserreich erst möglich gemacht hatten. Und so manches Gespräch würde sich mit dem geistigen Vater dieses Reichs beschäftigen, mit dem verstorbenen ehemaligen Reichskanzler Fürst Otto von Bismarck. Pünktlich zur Einweihung des Denkmals waren eine Fülle von Darstellungen des Denkmals, seiner Umgebung und seiner Details als Postkarten aufgelegt worden. Tausende von Karten wurden geschrieben und verbreiteten den Ruhm des Denkmals durch das Reich. Das war ganz im Sinne von Alfred Westphal, denn das Denkmal war noch nicht ganz fertig, noch nicht ganz bezahlt, und er konnte jede Werbung brauchen, die ihm half, den noch offenen Restbetrag zu finanzieren.

1896
Die Ansicht des Denkmals

Die Maler und Zeichner der Postkarten, die Organisatoren der Einweihung und die neugierigen Besucher, sie alle standen 1896 auf der monumentalen Denkmalterrasse hoch oben auf dem Kyffhäuserberg. Wer dem Denkmal den Rücken kehrte, sah weit hinein in das fruchtbare Land am Fuße des Berges, die weite Ebene der Goldenen Aue. Bei klarem Wetter schweifte der Blick bis zu den bewaldeten Höhen des Harz. Diese herrliche Landschaft im Rücken, richteten sie dann ihren Blick auf die Ostseite des Denkmals. Und sie sahen das, was auch der heutige Besucher sieht. Die Bedeutung allerdings, die sich den Zeitgenossen von alleine erschloß, bedarf heute – nach 100 Jahren – der Erläuterung.

Hier, an der Ostseite, „präsentiert sich das Kaisermal mit seinem vollständigen Programm. Hier kommt die Grundidee des Denkmals: die Darstellung der Erfüllung der Geschichte im Reich von 1871, in symbolhafter Abkürzung, gleichsam schlagwortartig zum Ausdruck.“[89] In der Waagerechten ist das Denkmal zweigeteilt. Das entspricht dem Programm. „Der Arkadengang und der

Deutlich wird hier der architektonische Aufbau des Denkmals. Hinter den wuchtigen Bögen schläft Barbarossa im Berg. Über ihm erhebt sich der Denkmalsturm, der von der Reichskrone gekrönt ist. Direkt über Barbarossa reitet Kaiser Wilhelm I. in die Zukunft. Er ist die Erfüllung von Barbarossas Traum. ***(Ullstein Bilderdienst)***

Barbarossahof symbolisieren die Geschichte des versunkenen Kaisertums der Hohenstaufen, während der Turm in seinem Aufragen die Gegenwart als ein Wiedererstehen der alten Reichsherrlichkeit verkörpert.[90]

Die untere Ebene zwischen Aussichtsplattform und der Denkmalterrasse zu Füßen des Turms steht für das Mittelalter Kaiser Friedrich Barbarossas. Hinter wuchtigen, an die Romanik erinnernden Bögen öffnet sich der Barbarossahof, wo hinter einer steinernen Trümmerlandschaft in einer Nische Barbarossa zu sehen ist in dem Augenblick des Erwachens nach jahrhundertelangem Schlaf. Rund um sein Haupt – in der Archivolte – sieht der Besucher die Raben, die Teil der Sage sind. Unter den Arkaden stehend, kann der Besucher sich fühlen wie einer der in vielen Sagen und Gedichten beschriebenen Menschen, die in das unterirdische Schloß im Kyffhäuserberg gelangt waren und später davon erzählten.

Direkt über dem erwachenden Barbarossa erhebt sich von der Terrasse aus der Turm. „Vor ihm reitet, von Licht umflutet, Kaiser

Die Gegenüberstellung eines Fotos des Reiterstandbilds Kaiser Wilhelms I. auf dem Kyffhäuser mit einer Zeichnung von Adolph Menzel, die den Kaiser zu Pferde im 1870/71er Krieg gegen Frankreich zeigt, verdeutlicht den Wunsch der Kriegervereine, ihren Kaiser am Denkmal so zu sehen, wie sie ihn in Erinnerung hatten. ***(Lammel: Adolph Menzel)***

Wilhelm I. Er, der erste Hohenzoller auf dem Kaiserthron, hat den Traum Barbarossas wahr gemacht. Er erscheint in Uniform, mit der Pickelhaube, und ist geschmückt mit dem Großkreuz des Eisernen Kreuzes. Von seinen Schultern fällt ein Mantel in langen Falten herab. Die linke Hand hält die Zügel, die rechte umfaßte einen – inzwischen verlorenen – Marschallstab. Blick und Haltung sollen gemessene Souveränität ausdrücken."[91] Heute steht auf dem Postament der Figur die Bezeichnung Wilhelm I., bei der Einweihung 1896 hieß es korrekter: Kaiser Wilhelm I., Dem Begründer des Reiches, Die Deutschen Krieger.

Auch sie, die deutschen Krieger, fanden sich in der Figurengruppe wieder. Zu Füßen des Kaisers sitzen zwei Gestalten, eine davon ist ein germanischer Krieger. „Er verkörpert einen Typus, der sich in der zeitgenössischen Denkmalskunst für die Darstellung der oft synonym verwendeten Begriffe Krieg und Wehrkraft herausgebildet hatte. Für das Kyffhäuser-Monument hieß das „der verkörperte Wille, die Feinde abzuwehren vom neubegründeten Reiche" (so ein Zitat der Gartenlaube von 1892) und also eine Heroisierung militärischer Stärke und steter Kampfbereitschaft."[92] Der germanische Krieger, sitzend zu Füßen des militärisch gekleideten Wilhelm I. ist eine direkte Anspielung auf den Krieg gegen Frankreich 1870/71. So wie am Denkmal dargestellt, hatten die Veteranen ihren Kaiser in Erinnerung, so ritt er ihnen voraus auf den Feldzügen dieses Krieges.

Auch die zweite Figur zu Füßen des Kaisers verweist auf die Auftraggeber des Denkmals, die Kriegervereine. „Sie stellt die Geschichte dar. Sie ist in ein weites, faltenreiches Gewand gehüllt; eine Löwenhaut bedeckt Kopf und Schultern. Mit der ausgestreckten Linken umfaßt sie einen Eichenlaubkranz als traditionelles deutsches Sieges- und Ruhmeszeichen. Ihr rechter Arm ruht auf einer schildartigen Tafel, in die die Worte Sedan–Paris–1870 eingegraben sind; in der rechten Hand hält sie einen Griffel. Mit den auf der Tafel verzeichneten Siegen hat die Geschichte eine für das Denkmalsprogramm aufschlußreiche Einengung erfahren: Sie ist ausschließlich als Verherrlichung der für die Reichsgründung bedeutsamsten militärischen Erfolge aufgefaßt. Auch sind der Kranz als Sinnbild des Ruhmes und das Löwenfell als das geläufige Symbol der tapferen Stärke keineswegs eigentliche Attribute der Geschichte: Ihre Hinzufügung macht deutlich, daß es hier – nicht anders als bei der Pendantfigur – auf die Glorifizierung der militärischen Macht des neuen Reiches abgesehen war."[93]

In dem Gesims oberhalb der Reitergruppe sind die – teilweise bis zur Unkenntlichkeit abgekürzten – Namen der deutschen Bundesstaaten und freien Hansestädte zu lesen. Oberhalb des Kopfes von Kaiser Wilhelm I. ist ein Feld besonders hervorgehoben. „In ihm sieht man den Reichsadler von 1871 mit dem preußisch-hohenzollerischen Brustschild und der Kette des Schwarzen Adlerordens (jedoch ohne Kaiserkrone) und darunter im Gurtgesims als Motto des Denkmals FÜR KAISER UND REICH."[94]

Jedem der zeitgenössischen Betrachter, jedem Besucher der Einweihungsfeier war die Botschaft klar, die von dem Denkmal ausging. In einer Zeit, in der Veränderung sozusagen in der Luft lag, in der demokratische Kräfte sich entwickelt hatten, in denen das Reich von sozialen Unruhen gebeutelt wurde und die SPD an Kraft und Macht gewann, in dieser unruhigen Zeit sollte der Status quo, das Althergebrachte geschützt und propagiert werden. Keine Veränderung – das war die Botschaft. Hände weg von politischen Experimenten – das war die Botschaft. Wir wollen die Monarchie – das war die Botschaft. Und die Mittel, diese Botschaften zu übermitteln, waren das Auftrumpfen durch einschüchternde Monumentalität und die Legitimierung der jungen Dynastie der Hohenzollern durch das Anknüpfen an den jahrhundertealten Sagenkreis um Barbarossa. Die Botschaft des Denkmals war in erster Linie eine innenpolitische Botschaft. Sie sollte den Wandel verhindern und das Gegenwärtige festschreiben.

Ganz deutlich kommt das in einer Publikation des Kyffhäuserbundes um 1896 zum Ausdruck: „Möge das Siegesmal des deutschen Kaisers, errichtet von den schlachtgewohnten Soldaten Deutschlands, ein Denkmal des Friedens sein, ein Mahnzeichen, daß die Zwietracht niemals wieder in deutschen Gauen das Haupt erheben soll, ein Mahnzeichen der Treue zu Kaiser und Reich wie zu den angestammten Fürsten, die mit dem Kaiser am 18. Juni das Denkmal umstanden, als Schützer der deutschen Freiheit, des deutschen Rechts, der deutschen Einigkeit."[95]

Für die dem Denkmal oft unterstellte außenpolitische Botschaft fehlt bis heute der Beweis. War es bereits ein Zeichen für die imperialistischen Tendenzen des Reiches, die 1914 zum Krieg führen sollten? Läßt die starke Betonung des Militärischen darauf schließen? Weder schriftliche noch mündliche Äußerungen der Kriegervereine als der Auftraggeber des Denkmals lassen diesen Schluß zu. Den Zeitzeugen und den alten Kriegern, die den Kyffhäuserberg hinaufpilgerten, war das Denkmal Mahnung zum Erhalt ihrer soldatischen Werte und Rechtfertigung für die Kriege, die sie geführt hatten. Für den Kaiser und die anderen Vertreter der Staatsmacht bildete es ein Mittel des Machterhalts, des Abweisens von Veränderung. Insofern ist es nicht vermessen, das Denkmal zwar als Kampfansage gegen den inneren Gegner anzusehen, nicht aber als Drohung nach außen.

Zu Pferde reitet Kaiser Wilhelm II. 1912 in ein Manöver, das in Schlesien bei Riesa stattfindet. ***(Ullstein Bilderdienst)***

Für die These, daß das Kyffhäuserdenkmal in erster Linie der Ehrung des Soldatentums diente, spricht auch die Einrichtung der Ehrenhalle im Fuß des Denkmalturms, deren Eingang sich auf der Rückseite des Denkmals befindet. Ehrenhallen waren im 19. Jahrhundert eine durchaus übliche Einrichtung, sie dienten der Aufbewahrung von Gegenständen mit kultischem Charakter. Die Ehrenhalle des Kyffhäuserdenkmals war zur Zeit der Denkmalseinweihung noch leer, denn der Denkmalsbau war noch nicht ganz fertiggestellt. Erst 1914 wurden die Urnen von Alfred Westphal und Bruno Schmitz dort aufgestellt. So wurden dem Initiator und dem Architekten des Denkmals ein würdiges Andenken gesichert.

1896
Eine logistische Meisterleistung

Am 18. Juni 1896 sollte mittags um 12.00 Uhr die Einweihung des Denkmals gefeiert werden. Sobald der Termin beschlossen worden war, begann eine aufwendige Organisation. Denn außer Kaiser Wilhelm II. hatten sich alle Bundesfürsten, die Bürgermeister der freien Hansestädte und ein zahlreiches Gefolge angesagt. Ganz zu schweigen von Zehntausenden von Kriegervereinsmitgliedern. Für eine solche Massenveranstaltung mußte alles gründlich geplant werden: An- und Abfahrt zu den Bahnhöfen der Umgebung, Hin- und Herfahrt zum Denkmal, Parkplätze für Kutschen und Wagen, die Bewachung der hohen Herrschaften, die Ehrenspaliere, die musikalische Umrahmung, den Aufbau des Festzeltes und die Kommunikation untereinander und mit der Öffentlichkeit. Dieses wahrlich nicht einfache Unterfangen oblag dem Generalkommando des IV. Armeekorps. Es lohnt sich, in dessen handschriftlich überlieferten Organisationsanweisungen zu blättern.[96] Sie bedekken viele Seiten ordentlicher Kanzleischrift. Die Verteilerliste hat 46 Adressaten, 46 Personen also, die Anordnungen bekamen und Teile davon ausführen mußten.

Als Beispiel für die detaillierte Organisation sei hier die Anordnung vorgestellt, die zwei Verantwortliche des Magdeburger Pionier-Bataillon Nr. 4 erhielten: „Ein Pionier-Detachement wird auf den Kyffhäuser beordert in der Stärke von 1 Offizier, 2 Unteroffizieren, 16 Pionieren und 2 unbespannten Materialienwagen der Divionstelegraphenabteilung, um vom Denkmal aus nach verschiedenen Richtungen Telefonleitungen zu belegen und zu bedienen. An Material sind mitzunehmen aus den Übungsbeständen 6 Telefone und 6 km Kabel, aus den Kriegsbeständen 8 Telefone und 4 km Kabel.

Das Detachement hat am 15. Juni mit der Eisenbahn von Magdeburg nach Wallhausen zu fahren und in Hackpfüffel Quartier zu nehmen.

16. und 17. Juni Einbau der Leitungen

18. Juni Betrieb und Beginn des Stückbaus

19. Juni Beendigung des Stückbaus und evtl. Rückfahrt nach

Alfred Westphal mit Handwerkern vor der Kyffhäusergaststätte am Burgberg anläßlich der Grundsteinlegung des Denkmals am 10. Mai 1892.
(Heese)

Fest-Beilage zur Einweihung des Kaiser-Wilhelm-Denkmals auf dem Kyffhäuser am 18. Juni 1896, herausgegeben von der Nordhäuser Zeitung. *(Stadtarchiv Bad Frankenhausen)*

Gedenkblatt zur Einweihung des Kaiser Wilhelm-Denkmals
auf dem Kyffhäuser am 18. Juni 1896.

Fest-Beilage der „Nordhäuser Zeitung."

Zum 18. Juni 1896.

So hebe dich denn aus Traum und Nacht,
Du Stätte geheiligten Ruhmes,
Mit dem Zeichen der neuerstandenen Pracht
Des deutschen Kaiserthumes.
Im Sturme zerstob der Rabenschwarm,
Und tief aus des Berges Mitten,
Aus Barbarossa's verzaubertem Schloß,
Da kommt nun der neue Kaiserspross
Im Siegesdonner geritten.

Und huldigend jauchzt mit der Fürstenschaar
Das Volk empor zu dem Werke,
Dem ragenden Denkstein für immerdar
Alldeutscher Mannesstärke.
Und freudig reichen in heiligem Schwur
Sich Nord und Süden auf's Neue
Die sehnige Hand zum alten Bund
Als Schützer des Rechts auf dem Erdenrund
In unverbrüchlicher Treue.

Hurrah, du mächtiger Riesenbau,
Von deutschen Kriegern gegründet,
Der, stolz sich reckend zum Himmelsblau,
Von gewaltigen Thaten kündet.
Sieh' rings im weiten, leuchtenden Plan
Die Lande zu deinen Füßen —
So schaue hernieder jahrhundertlang,
Umrauscht von Segen und Feierklang,
Den Frieden, den Frieden zu grüßen!

Albert Kohl, Nordhausen.

Magdeburg, dabei kein Quartierwechsel. Die Rückfahrt nach Magdeburg hat spätestens am 20. Juni zu erfolgen.

Für den Transport der 2 Wagen am 15. und 19., evtl. 20. Juni, von Wallhausen nach Hackpfüffel und umgekehrt, ist ein einfacher Vorspann anzufordern (2 schwere Pferde mit Kutscher). Der gleiche Vorspann würde für die Tage des Ein- und Rückbaus der Leitungen, und zwar für den ganzen Tag zu ermieten sein. Das Pionierbataillion hat das weitere mit der Ortsbehörde, bzw. dem Landratsamt baldigst zu vereinbaren.

Am 1. Juni mittags 12.00 Uhr hat sich der betreffende Pionier-Offizier auf dem Generalkommando nähere Anweisung betreff der Anlage der Leitungen einzuholen, der Name des Offiziers bleibt zu melden."[97] Und so geht es weiter, viele Seiten lang.

Faszinierend für den heutigen Leser ist die Mischung von alt und neu, von Pferdekutsche und Telegraph, von Dampfeisenbahn und Telefonleitung. Beeindruckend erscheint die perfekte militärische Logistik, die Kunst der Organisation von Nachschub und Transport, einer Kunst, für die Preußens Militär zu Recht berühmt war.

18. Juni 1896
Das Festprogramm

Als Sonderdruck, geschmückt mit den Porträts Wilhelms I. und des Fürsten zu Schwarzburg-Rudolstadt als dem Protektor des Denkmals, erschien wenige Wochen vor der Einweihungsfeier das offizielle Festprogramm, das so lautete:

„Programm für die Einweihungs-Feier des Kaiser Wilhelm-Denkmals auf dem Kyffhäuser am 18. Juni 1896:

1. Seine Majestät der Kaiser werden gegen 12 Uhr am Denkmal eintreffen, verlassen beim Eingang in den Denkmalsplatz den Wagen und schreiten die Front der Ehrenkompagnie ab. Die Ehrenkompagnie wird gestellt vom 7. Thüringischen Infanterie-Regiment Nr. 96, und zwar vom III. Bataillon, dessen Chef Se. Durchlaucht der Fürst-Protector ist.

2. Seine Majestät der Kaiser betreten den Denkmalsplatz,

begrüßen die erlauchten Bundesfürsten und begeben sich mit Allerhöchst- und Höchstdenselben, sowie gefolgt von den hierzu befohlenen Fürstlich Schwarzburgischen Beamten, dem geschäftsführenden Denkmalausschusse und den Künstlern auf die Plattform der Bogenhalle, wo der eigentliche Festakt vor sich geht.

3. Seine Exzellenz Generallieutnant z. D. von Renthe gen. Fink, Vorsitzender des Denkmalausschusses, begrüßen Seine Majestät den Kaiser mit einer Ansprache und bitten um die allerhöchste Genehmigung zum Beginn der Feier.

4. Festrede, gehalten durch den Schriftführer des Denkmalausschusses, Hauptmann d. Res.-Inf.-Regts. 49 Professor Dr. Westphal.

5. Seine Durchlaucht Fürst Günther zu Schwarzburg-Rudolstadt, der Protector des Denkmals, bitten Seine Majestät den Kaiser, das Denkmal der Öffentlichkeit zu übergeben und bringen ein Hoch auf Allerhöchstdenselben aus.

6. Seine Majestät der Kaiser übergeben das Denkmal der Öffentlichkeit. In diesem Augenblicke beginnt die Salutbatterie, gestellt von dem Thüringischen Feld-Artillerie-Regt. Nr. 19, einen Salut von 101 Schuß abzugeben.

7. Seine Durchlaucht Fürst Günther bitten Seine Majestät den Kaiser, nunmehr den Vorbeimarsch der Kriegervereine anzunehmen.

8. Nach ertheilter Genehmigung Seiner Majestät: Vorbeimarsch der Kriegervereine. (Anmerkung: Dem Vorbeimarsch der Vereine geht der Parademarsch der Ehrenkompagnie vor Seiner Majestät dem Kaiser und den übrigen Bundesfürsten voran. Die Vereine marschieren nach dem Vorbeimarsch an der Nordseite des Kyffhäusers hinab bis zur Kohlstätte, und von da nördlich und südlich nach den ihnen angewiesenen, an verschiedenen Stellen im Walde eingerichteten Erfrischungsplätzen.)

9. Seine Durchlaucht Fürst Günther bitten Seine Majestät den Kaiser und die Allerhöchsten und Höchsten Bundesfürsten, das Innere des Denkmals zu besichtigen.

10. Demnächst besteigen Seine Majestät der Kaiser und die erlauchten Bundesfürsten die Wagen und fahren ab. Die Festversammlung singt ein patriotisches Lied.

11. Nach Abfahrt der Allerhöchsten und Höchsten Herrschaften verläßt die Festversammlung den Platz."[98]

Nicht im Programm erwähnt, aber zahlreich vorhanden war das Gefolge des Kaiser und der Fürsten. Die Liste der zur An- und Abfahrt berechtigten Kutschen weist eine Vielzahl von Prinzessinnen, Fürstinnen und Hofdamen aus, die mit ihren großen, feder- und blumengeschmückten Hüten das militärische Fest mit bunten Tupfern ziviler Weiblichkeit schmückten.

18. Juni 1896
Der Tag der Einweihung

Es gab viel Gedrucktes im Umfeld dieses denkwürdigen Tages. Der Denkmalsausschuß veröffentlichte beispielsweise die Beitragsliste derjenigen, die anläßlich der Denkmalseinweihung Geld gespendet haben. Die kleingedruckte seitenlange Liste endete mit dem beeindruckenden Betrag von 230 035,42 Mark.

Zahlreiche Sonderveröffentlichungen erschienen. Beispielsweise von der „Nordhäuser Zeitung" und dem „Allgemeinen Anzeiger der Grafschaft Stolberg-Roßla". Selbstverständlich hatte auch der Denkmalsausschuß publiziert, und aus einer dieser Publikationen, einem kleinen Büchlein, das Ende 1896 erschienen war, soll die Beschreibung der Einweihungsfeier entnommen werden.[99] Vor dem inneren Auge des Lesers entfaltet sich der Tag so, wie er im Jahre 1896 von einem Mitglied des Kriegerverbandes erlebt wurde. Die Emotionen, die im Text durchscheinen, das Gefühl des Festlichen und Erhabenen, das sich beim Autor einstellt, mögen dem heutigen Leser fremd sein, den zeitgenössischen Veteranen erschienen sie ganz normal. Und das Denkmal selbst erfüllte den ihm zugedachten Zweck auch dadurch, daß es diese Gefühle weckte.

„Die Gipfel der Berge und der Thurm des Denkmals glänzen, von Roßla aus gesehen, im Sonnenlicht, der Fuß des Gebirges ist dagegen von dichten Nebelschleiern umlagert.

Ihr Durchschreiten bringt angenehme Kühlung. Die Plattformen des Denkmals sind noch leer. Einer dankenswerthen Einrich-

Besucher der Grundsteinlegung begutachten den Barbarossa-Hof und die Bogenhalle. Der Blick geht von der Figur des schlafenden Barbarossas aus nach Nordosten. ***(Das Kyffhäuser-Denkmal. Ein Führer von M. Arndt)***

tung der Bergpolizei zufolge ist es zuzuschreiben, daß vorerst der mächtige Strom der Festteilnehmer von der Plattform, die in einer Backofenglut daliegt, ferngehalten wird. Durch den Nebel dringt von den Thälern herauf das Geräusch des Tages:

Das Schnauben der Locomotiven, die ununterbrochen von den benachbarten Städten in langen Extrazügen die Menge der Krieger herbeiführen, verlorene Trompetensignale, dumpfe Trommelwirbel und verhallender, abgerissener Gesang.

Die Nebel lichten sich, und man erkennt die dem Kyffhäuser zustrebenden geradlinigen Straßen und die Colonnen, die mit wehenden Fahnen ihrem Bestimmungsorte zueilen. Um halb zehn Uhr treffen die ersten Fahnen auf dem Festplatz ein, und von da ab ergießt sich ein Strom von Theilnehmern über die Terrassen. Die Ordnung ist musterhaft. Alles fügt sich den im liebenswürdigen Ton gegebenen Befehlen der Diensthuenden Officiere und bald ist die vorderste Terrasse, soweit der Raum nicht für die höchsten Herrschaften reservirt ist, voll besetzt.

Der Platz rechts und links vom Zelte ist den Ehrengästen reserviert. Unter die schwarze Fracktracht mischt sich hier die Uniform der Officiere der Reserve. Um das Zelt selbst schließt sich ein Kreis blitzender Uniformen vieler deutscher Regimenter. Gegen 10 Uhr entwickelt sich auf dem Nordhang des Denkmals ein kleines militärisches Bild. Die Ehrencompagnie, die von dem 96. Regiment gestellt ist, zieht auf und stellt die Gewehre zusammen.

Um 11 Uhr beginnt die Auffahrt der Bundesfürsten und ihrer Vertreter. Es entwickelt sich vor dem Kaiserzelte unter ihnen ein zwangloser Verkehr. Viel bemerkt wird der Reichskanzler Fürst Hohenlohe mit dem Orangebande des Schwarzen Adlerordens.

Bereits in den frühen Morgenstunden versammeln sich die geladenen Gäste am 18. Juni 1896 auf den Terrassen des Denkmals. Der mittlere Teil wird für den Kaiser und die anderen Ehrengäste freigehalten. *(Kyffhäuserbund)*

Das Kaiserzelt, in dem der Kaiser von der Landesmutter, Fürstin von Rudolstadt, empfangen wurde, war dem Denkmal gegenüber an der Aussichtsseite der Terrasse aufgebaut worden.
(Stadtarchiv Bad Frankenhausen)

Am Fuße des Berges, auf einer kleinen Anhöhe fährt jetzt eine Batterie Artillerie auf, vier Geschütze. Gegen halb zwölf trifft der Großherzog von Baden ein und begrüßt ritterlich die Fürstin von Rudolstadt, eine schlanke, anmuthige Erscheinung, in rosaschillernde Seide gekleidet, mit einem Hut in gelb aprikosenfarbig, der das Entzücken jeder Dame hervorgerufen hätte.

Kurz vor 12 Uhr verkünden in der Ferne verklingende Hurrahrufe die Ankunft des Kaisers. Er war inzwischen in Roßla eingetroffen und hatte im Kaiserpavillon eine Erfrischung entgegengenommen. Von da ab ging es im offenen Wagen durch die dichten Spaliere der Kriegervereine und begleitet vom Jubel der von weit und breit herbeigeeilten Bevölkerung dem Kyffhäuser zu.

Näher und näher erbraust jetzt auf dem Berge das Hurrah! Das scharfe Commando: Achtung! Stillgestanden! erschallt, der Präsentiermarsch fällt rauschend ein. Ein Trupp weißenfelser Husaren auf ihren feurigen Füchsen reitet vorauf. Der Kaiser ist an dem linken Flügel der Ehrencompagnie angekommen, frisch schreitet er neben der längeren Gestalt des Fürsten von Schwarzburg-Rudolstadt dem Zelte zu.

Es ist gegenüber den Portalen und der Barbarossagruppe aufgebaut und lehnt sich an die östliche Ringmauer an. Über seine gelblich-weiße Bedachung sind drei Gobelins in Roth mit Gold ausgebreitet, die mit dem Wappen des Hohenzollernhauses geschmückt sind. Nach Norden und Süden öffnet sich das Zelt in einen Baldachin, der Sims oberhalb desselben ist mit je drei goldenen Adlern geschmückt. Vorn wird das Kaiserzelt von je zwei Säulen in Purpur und Gold flankirt, die eine reiche Schildzier mit darauf sich erhebender Kaiserkrone tragen. Die reiche Draperie der offenen Seite wird von der Kaiserkrone gekrönt. Von ihr fällt die gelbe Kaiserflagge herab. Die Kranzschleife, die von der Flaggenspitze herniederweht, trägt die Daten 25. August 1890[100] und 18. Juni 1896.

Innen ist das Kaiserzelt purpurroth gehalten. Den Hintergrund schmückt ein Gobelin mit dem Reichsadler. An der linken und rechten Seite ist die römisch-deutsche Kaiserkrone in Gold in den Purpursammet eingestickt.

Die Erinnerungspostkarte an die Einweihungsfeier zeigt Kaiser Wilhelm II. bei seiner Ansprache. Wer mit der Lupe sucht, kann in der ersten Reihe Alfred Westphal, Bruno Schmitz und den Reichskriegerführer von Heeringen erkennen.
(Heese)

Der Kaiser schreitet jetzt mit elastischen Schritten auf den Pavillon zu. Er trägt die Generalsuniform des 1. Garderegiments und hohe Stiefeln, der Fürst die Uniform der Gardekürassiere.

Am Zelte angekommen, ersteigt er schnell dessen Stufen und küßt der Fürstin von Rudolstadt, die ihn als Landesmutter empfängt, die Hand und unterhält sich einige Augenblicke mit ihr. Dann wendet er sich den anderen Fürstlichkeiten zu.

Es folgt die Begrüßung des Vorsitzenden des Denkmalausschusses, General der Inf. z. D. v. Spitz, dann ergreift der geistige Vater des Denkmals, Hauptmann der Reserve, Professor Dr. Westphal, das Wort. Er erinnert an die Geschichte des Berges, an Kaiser Barbarossa, und daran, daß sich durch Kaiser Wilhelm I., dem Großvater des anwesenden Kaiser Wilhelms II., die Sage erfüllt habe. „Für Kaiser und Reich!“ ‚Unser Denkmal soll ein Sinnbild und Wahrzeichen des neuen deutschen Reiches sein. Diesem Charakter hat der Schöpfer des Denkmals einen monumentalen Ausdruck

Zur Feier der Erfüllung seines Lebenstraums traf sich Alfred Westphal am Vortag der Einweihungsfeier, also am 17. Juni 1896, mit Reichkriegerführer von Heeringen und Denkmalsarchitekt Schmitz am Kyffhäuser. Von rechts nach links: von Heeringen (sitzend), Schmitz (stehend) und Westphal (sitzend). ***(Heese)***

Auf diesem Foto von der Einweihungsfeier ist Kaiser Wilhem II. in seiner weißen Uniform gut zu erkennen.
(Friz)

gegeben. Diese Charakterisierung erhält das Denkmal aber besonders durch seine Erbauer, die alten Krieger Kaiser Wilhelms, des Großen, und besonders wegen der hohen Aufgaben, welche die Erbauer, die berufenen Vertreter des Volkes in Waffen, die Kriegervereine, übernommen haben, und wegen der Bedeutung, die sie auf die Entwicklung unseres Volkslebens auszuüben gewillt sind.‘

Mit besonderem Stolz weist Westphal darauf hin, daß der Denkmalbau die 1,5 Millionen treuer deutscher Männer, die in den Kriegerverbänden der einzelnen Bundesstaaten organisiert waren, zusammengeführt habe. ‚Das Kyffhäuser-Denkmal hat alle diese Verbände zu gemeinsamen Handeln vereinigt, und vom heutigen Tage an ist der Ausschuß für die Verwaltung unseres Denkmals die Gesamtvertretung aller deutschen Kriegerverbände. Das Kyffhäuser-Denkmal bildet somit den Mittelpunkt des deutschen Kriegervereinswesens und ist zugleich das Wahrzeichen seiner vaterländischen Bestrebungen.‘“

Das war die Geburtsstunde des Kyffhäuserbundes als Dachverband aller Bundesstaaten. Alfred Westphal hatte sein Lebensziel erreicht: Er hatte die Kriegerverbände geeinigt und seinem hochverehrten Kaiser ein würdiges Denkmal errichtet.

„Der Enkel des Geehrten, Kaiser Wilhelm II., dankt, der Fürst-Protector ruft ein Hoch auf den Kaiser aus und in das tausendstimmige Hoch und in die tosenden Jubelrufe mischt sich der dröhnende Donner der 101 Schüsse des Kaisersaluts. Gleich darauf nimmt der Kaiser im Verein mit den fürstlichen Festtheilnehmern, geführt von dem fürstlichen Gastherrn eine Besichtigung des Denkmals vor und schreitet dabei die langen Reihen der Kriegervereinsfahnen ab, die in ihrer bunten Mannigfaltigkeit sich wie ein farbiges Blumengewinde an den Zinnen der Plattformen hinziehen.

Der musterhafte Vorbeimarsch der Krieger beginnt. Der Kaiser soll sich über seinen Verlauf wie überhaupt über den glänzenden Verlauf, den die Feier nahm, sehr lobend ausgesprochen haben. Kurz vor zwei Uhr defilirten die letzten Krieger vor ihm vorbei und der Fürstenzug bewegte sich zu Wagen nach dem Rathsfeld, wo der Kaiser mit den anderen königlichen und fürstlichen Herren für den Nachmittag Gäste des Fürsten von Schwarzburg-Rudolstadt sind.

Schon in der Mittagsstunde zogen sich im Umkreis Gewitter zusammen und in die Rede des Kaisers hinein erklang leiser Donner. Doch hielt sich das Wetter noch über den Schluß der Feier hinaus. Erst in der dritten Nachmittagsstunde löste sich die drükkende Schwüle in einen heftigen Gewitterregen auf, der sich fruchtbringend auf die Gefilde der Goldenen Aue niedersenkte. als den gegen vier Uhr Nachmittags Roßla verlassenden Festtheilnehmern der Kyffhäuserberg zum letzten Male in den Gesichtskreis kam, stand der von den Linien des Denkmals unterbrochene Höhenzug des Gebirges in klaren Formen vor ihnen und auf dem Denkmal selbst, dem schönsten Denkstein, den je schlachtgewohnte Soldaten ihrem sieggekrönten Führer errichteten, ruhte ein Strahl der durch die Wolken blitzenden Sonne. So wird es noch Jahrhunderte stehen, ein Wahrzeichen für künftige Geschlechter, eine feste und treue Wacht gleich der des Rheins, aber im Herzen Deutschlands.“

In den 100 Jahren, die das Denkmal steht, in den wechselvollen Zeiten, die es erlebt hat, wurde so manche Feier zu seinen Füßen veranstaltet. Diese aber war ohne Zweifel die prächtigste, oder, um Willhelms II. Lieblingswort zu verwenden, die kolossalste.

1936
Das Schicksal des Hindenburgdenkmals auf dem Kyffhäuser

Die großartige Einweihungsfeier auf dem Kyffhäuserberg 1896 war zwar die größte Feier, die das Denkmal gesehen hat, aber weder die erste noch die letzte. Ob es sich um die Jubiläen der Grundsteinlegung oder der Einweihung des Denkmals handelt – der Kyffhäuserbund nutzte und nutzt sie, um sich hier zu versammeln. Mit Ausnahme der Zeit, in der das Denkmal zur DDR gehörte, blieben die Feiern auf dem Kyffhäuser eine Konstante des Kyffhäuservereinswesens, eine Tradition, die der Kyffhäuserbund seit 1990 wiederaufgenommen hat.

Zur 25jährigen Erinnerungsfeier an die Einweihungsfeier des Kyffhäuserdenkmals treffen sich im Juni 1921 am Denkmal: (von links nach rechts:) Prof. Dr. Alfred Westphal, Generaloberst und Reichskriegerführer von Heeringen, Generalfeldmarschall von Hindenburg und General von Reuter.
(Heese)

Herausragend war ohne Zweifel 1921 die Feier zum 25jährigen Jubiläum des Denkmals, als Generalfeldmarschall von Hindenburg der Ehrengast war. Zu Hindenburg hatte der Bund immer eine besondere Beziehung. Er verkörperte in seiner Person die Ideale des Bundes, er war seit 1919 Ehrenpräsident, und er war der vom Kyffhäuserbund unterstützte Kandidat bei den Reichstagswahlen 1932, die er gegen den Gegenkandidaten Adolf Hitler gewann.

Zu Ehren seines Ehrenpräsidenten, Generalfeldmarschall von Hindenburg, hatte der Kyffhäuserbund 1937 ein großes Denkmal aus Granit errichtet. Es stand etwas unterhalb des Kyffhäuserdenkmals. Nach 1945 wurde es zerstört, seine Teile neben seinem Aufstellungsort begraben. Sein Schöpfer war der Bildhauer Hermann Hosaeus.
(Foto Bark, Bad Frankenhausen)

So war es naheliegend, daß General a. D. Reinhard anregte, für Hindenburg ein Denkmal auf dem Kyffhäuserberg zu errichten. In seinen Erinnerungen schreibt er: „Der Feldmarschall hatte nach dem Weltkrieg mehrfach den Kyffhäuser besucht und sich dort in Waldeinsamkeit von jahrelangen Kämpfen und seiner Führertätigkeit erholt.

Im Vorfeld des Kyffhäuserdenkmals, dort, wo sich die Wege zu ihm und zum Burghotel gabeln und Wege nach Sittendorf und Rathsfeld abzweigen, liegt ein freier Platz, seit alten Zeiten „Kohlstätte“ genannt. Die Kohlstätte wurde in Hindenburgplatz umgetauft und eine große Terrasse gebaut, auf der das Denkmal aufgestellt werden sollte. Aber es gab Probleme. Partei- und Thüringische Regierung machten Schwierigkeiten, die überwunden wurden. Hitler gab sein Einverständnis unter der Bedingung, daß er nach Besichtigung des Denkmals im Atelier des Bildhauers in der Lage sei, seine Aufstellung zu gestatten.“[102]

Das Modell, daß der Bildhauer Hermann Hosaeus, Professor und Mitglied der Akademie der Künste in Berlin, fertigte, fand Hitlers Zustimmung, und so konnte das Denkmal fertiggestellt werden. „Hosaeus plante eine granitene Bildsäule, die, soweit Menschen in die Zukunft zu sehen vermögen, dort oben auf dem Kyffhäuser-Berg noch in Jahrtausenden von deutscher Soldatenart reden wird. Um dieser Art gerecht zu werden, die die Person unseres Feldherrn in gesteigertem Maße verkörpert, wählte ich für die Ausführung härtestes deutsches Urgestein, den unvergänglichen grünen bayerischen Porphyr. Er zwingt den Bildhauer zur höchster Einfachheit und zu monumentaler Wucht, die sich mit dem Ausdruck von Ruhe und Entschlossenheit gut vereinen läßt.“[103]

Auf dem Sattel der Figur wurde die Widmung eingemeißelt: „Dem Feldmarschall von Hindenburg von seinen Kameraden.“ Eine Urkunde, die im Sockel eingemeißelt wurde, ehrte Hindenburg als „den Führer im großen Kriege 1914 bis 1918, den Deutschland gegen eine Welt von Feinden, im Felde unbesiegt, bestand“. Das Denkmal wurde im Herbst 1937 eingeweiht, wie Reinhard berichtet, „in Anwesenheit des Sohnes und der weiteren Familie Hindenburgs. Als Vertreter Hitlers war der Minister

Meißner erschienen. Nebelwolken jagten über den Berg. Ein Nebelstreifen zog tief über den Hindenburgplatz. Er hüllte das Denkmal vollständig ein, nur das Haupt des alten Feldmarschalls grüßte über den Wolken die stumm sich verhaltenden Zuschauer."[104]

Dem Hindenburgdenkmal, das eines von Hunderten war, die errichtet worden waren, war nicht die Dauer beschieden, die sich sein Schöpfer erhofft hatte. 1945 wurde es von der russischen Besatzung – und sicher unter Mithilfe einheimischer Gegner des Hitlerregimes – zerschlagen, seine Teile am Hindenburgplatz vergraben.

Dort liegen sie noch heute und bilden einen politischen und kulturellen Zankapfel zwischen denen, die es wieder aufstellen und jenen, die dies verhindern wollen. Diese sehen in dem Denkmal ein Wahrzeichen der soldatischen Werte, die auch heute noch gültig sind, jene verbinden es mit den Greueln des Nationalsozialismus. Den gelassenen Umgang mit Denkmälern als Ausdruck einer geschichtlichen Epoche, die man bestehen läßt, ohne sie zu werten, diesen Umgang haben die Deutschen noch nicht gelernt. Vielleicht sollten wir uns ein Beispiel nehmen an Ländern wie Frankreich, wo die steinernen Denkmäler aller Epochen friedlich nebeneinander bestehen, unabhängig davon, welcher Zeitgeist gerade regiert.

1936–1996
Veränderungen am Kyffhäuserdenkmal

Auch heute noch ist das Kaiser-Wilhelm-Denkmal kolossal, überwältigend, beeindruckend, erschreckend – je nachdem, wie es der einzelne Besucher empfindet. Aber es hat sein Aussehen verändert seit der Zeit seiner Einweihung. Das Denkmal selbst ist in seiner Schauseite geblieben wie es war, aber in seinem Umfeld hat sich in den letzten 100 Jahren viel getan. Vor allem in den ersten Jahren von General a. D. Reinhards Präsidentschaft, den 30er Jahren unseres Jahrhunderts, fand eine rege Bautätigkeit auf dem Kyffhäuserberg statt.

Ab Herbst 1934 wurden Ausgrabungen gemacht in dem Gelände der ehemaligen Reichsburg, in die hinein das Kyffhäuserdenkmal gestellt war. Der Burgbrunnen, dessen Existenz man vergessen hatte, wurde gefunden und wieder ausgegraben. Es erwies sich, daß er 176,5 m tief war! Die Funde aus mittelalterlicher Zeit wurden gesammelt und ein Burgmuseum eingerichtet.

Auch die Ehrenhalle im Fuße des Denkmalturms wurde neu gestaltet. Außer den Urnen mit der Asche von Bruno Schmitz, dem Denkmalarchitekten, und Alfred Westphal, dem Initiator, fand Reinhard „einige Bronze-Urnen vor mit Erde aus den von Versailles abgetrennten Gebieten“.[105]

General von Horn hatte bereits die Fahnen gesammelt von den Kriegerkameradschaften, die nach 1918 nicht mehr zu Deutschland gehörten. Sie wurden feierlich in der Ehrenhalle aufgestellt. Butzenscheiben wurden in die Bogenfenster eingesetzt und diese mit Hindenburgs Ausspruch, der sich natürlich auf die Zeit nach 1918 bezog, versehen: „Treue ist das Mark der Ehre. Was deutsch

Hitler besuchte nur wenige Male den Kyffhäuser. Im Juni 1934 folgte er der Einladung von General a. D. Wilhelm Reinhard, die kurz zuvor begonnenen Ausgrabungen auf dem Kyffhäuser zu besichtigen. Das Bild zeigt Reinhard, wie er die Ausgrabungen am Burgbrunnen erläutert. rechts von Reinhard steht Reichsleiter Martin Bormann, links neben Hitler Gauleiter Adolf Wagner. ***(Ullstein Bilderdienst)***

Dieser Schnappschuß wurde vermutlich in den 30er Jahren aufgenommen und zeigt das Richtfest des kleinen Kyffhäusermuseums gegenüber dem Denkmalsturm an der Ostseite. Es nahm später die Funde auf, die bei den Ausgrabungen im mittelalterlichen Burggelände ausgegraben wurden.
(Kyffhäuserbund)

ist, muß wieder deutsch werden. Deutsche Wehr, deutsche Ehr.“ Bronzeköpfe von Bismarck, Moltke, Roon und Kronprinz Friedrich Wilhelm von Preußen schmückten die Ehrenhalle ebenso wie eine Sammlung von Erinnerungsstücken an Kaiser Wilhelm und Gedenktafeln an die Gefallenen des Ersten Weltkrieges. In der nördlichen Nebenhalle waren eine Waffensammlung und weitere Büsten zu sehen. In der Vorhalle befanden sich acht Weltkriegsgedenktafeln mit patriotischen Texten und Bildern. Die Ausgestaltungen der Generale Horn und Reinhard überdauerten nur ein Jahrzehnt. 1945 wurde die Ehrenhalle geplündert und die historischen Fahnen zerstört und verbrannt.

Die DDR gestaltete die Ehrenhalle und die nördliche Nebenhalle nach ihrem Geschichtsverständnis. Aus der Ehrenhalle wurde die Denkmalhalle. Ein über die ganze Breite der Halle verlaufendes Bronzerelief von Martin Wetzel aus dem Jahre 1969 zeigte im Stil des sozialistischen Realismus geknechtete Bürger, Bauern und Krieger aus verschiedenen Geschichtsepochen. In der Nebenhalle waren acht große Edelstahltafeln aufgestellt worden mit Texten von Horst Müller. Sie kommentierten die Geschichte des Denkmals und des Bundes im Sinne des Leninismus-Marxismus.

Nach der Wiedervereinigung Deutschlands erhielt die Ehrenhalle, jetzt Turmhalle genannt, ihr heutiges Aussehen. Das fünfteilige Bronzerelief von 1969 ist nach wie vor zu sehen und erinnert an die Zeit der DDR. Rechts von der Apsis – gegenüber der Eingangstür – wurde die Urne mit der Asche von Professor Westphal wieder aufgestellt. Links steht die Stele für die Urne von Schmitz, die eines Tages wieder dort ihren Platz haben soll. In der nördlichen Nebenhalle ist seit 1992 eine Dokumentation zur Baugeschichte zu sehen.

Das Innere der Denkmalshalle, so leer, wie sie es zur Einweihung des Denkmals noch war. Später wechselte sie ihr Aussehen mehrfach. ***(Heese)***

1996
Kyffhäuserdenkmal und Kyffhäuserbund heute

Jedes Jahr wandern viele Tausend Besucher aus Ost und West den Kyffhäuserberg hinauf. Je nach geschichtlichem Interesse genießen sie mehr die herrliche Aussicht auf ihre nähere oder weitere Hei-

Die Gruppe des Reiterstandbildes verweist in allen Teilen auf die Gründung des Zweiten Kaiserreiches. Zu Füßen von Kaiser Wilhelm I., des Reichsgründers, sitzen die Geschichte (die sich erfüllt hat) und der Krieger (der sie ermöglicht hat). Das zumindest war die Interpretation der Zeitgenossen. *(Kluge)*

mat oder die Betrachtung des Denkmals. Das kann aus kunsthistorischer Sicht geschehen oder aus dem Interesse an der Geschichte. Das Denkmal steht noch da, wie es vor 100 Jahren erbaut wurde, aber die Menschen, die es betrachten, haben sich gewandelt. Das gilt auch für die Menschen, die heute den Kyffhäuserbund bilden. Neben gedienten Soldaten gibt es seit 100 Jahren auch die Kyffhäuserjugend, die das Interesse am Schießsport, an der Musik und dem gemeinsamen Erleben von Freizeit zusammengeführt hat. Auch Frauen haben sich seit 1953 im Kyffhäuserbund organisiert. Ihre Referentin schrieb 1986:

„Die Zielsetzung des Kyffhäuserbundes ist heute eine andere als im Jahre 1786. Wir leben in einer freien Republik, ohne Kriegsgedanken. Was uns erhalten blieb, ist die Hilfe für den Nächsten und der Zusammenhalt in den Kameradschaften, den zu pflegen unsere größte Aufgabe sein sollte. Alles andere unterlag dem Wandel der Zeit. Der Kyffhäuserbund zeigt menschenfreundliches Wirken, engagiert sich sozial und verkörpert nicht das Schwert der Gewalt. Unsere Kameradschaften sind positive Bürgerinitiativen zur Erhaltung unseres freiheitlich-rechtlichen Gemeinwesens."[106]

Im Juni 1991 jährte sich zum 95. Mal die Einweihung des Kaiser-Wilhelm-Denkmals auf dem Kyffhäuser. Vor dem Eingang zur Denkmalshalle versammelte sich die Kyffhäuserjugend, um ihr 95jähriges Bestehen zu feiern. Die nach dem Krieg verschwundene Urne von Alfred Westphal wurde in der Ehrenhalle wieder neu beigesetzt. Das Foto zeigt Diana Friz, die einen kurzen Abriß über die Geschichte des Denkmals gab.
(Heese)

Hinzuzufügen ist dieser Beschreibung noch die Pflege der Tradition, der Geselligkeit, des Sports und – vor allem – das Wirken im karitativen Bereich. Die Alten und die Jungen, die sich heute um das Denkmal versammeln, werden ihre eigene Geschichte schreiben. Sie richten ihre Hoffnung auf eine friedliche Zukunft in einem geeinten Europa und sind bereit, ihren Beitrag für dieses Ziel zu leisten. Und mit ihrer Arbeit im karitativen Bereich wollen sie mithelfen, die soziale Gerechtigkeit und den sozialen Frieden innerhalb Deutschlands zu sichern.

Gedichte zum Kyffhäuserdenkmal

Es gibt eine Fülle von Gedichten zum Kyffhäuser. Eine kleine Auswahl wird hier vorgestellt. Grundsätzlich kann man sie in drei Kategorien einteilen.

Erstens die Gedichte, die über den im Kyffhäuserberg schlafenden Barbarossa berichten, der auf seine Erlösung wartet. Sie sind meist Anfang bis Mitte des 19. Jahrhunderts entstanden und thematisieren den Wunsch nach deutscher Einheit, wie er sich in den Freiheitskriegen entwickelt hat. Sie sind hier vertreten durch die Gedichte:

„Kaiser Friedrich Barbarossa" von Rückert
„Die deutsche Kaiserfahrt" von Arndt und
„Friedrich Rothbart" von Geibel.

Zweitens die Gedichte, die nach der Errichtung des Zweiten Kaiserreichs entstanden. Ihre Thematik ist die Erfüllung des mittelalterlichen Kaisertraums im Hohenzollernschen Reich. Als Beispiel dafür steht:

„Erfüllung" von Jahn.

Der Bau des Kyffhäuserdenkmals ist Anlaß für eine dritte Kategorie von Gedichten. Sie feiern den Bau des Denkmals, und ihre Verfasser stammen oft aus den Kreisen des Kyffhäuserbundes. Veröffentlicht wurden sie in der Bundeszeitschrft „Parole". Beispiele dafür sind:

„Der Krieger Kyffhäuser Lied" von Zörner und
„Des großen Kaisers Denkmal auf dem Kyffhäuser".

Zur Abrundung stehen Heine und Herwegh mit Beispielen für die satirische Abwandlung des Barbarossathemas:

Aus „Deutschland – ein Wintermärchen" von Heine und
„Der Schwabenkaiser" von Herwegh.

Friedrich Rückerts Gedicht über Barbarossa wurde zum Urvater einer wahren Lawine von Gedichten. Es wurde sehr populär und mehrfach vertont, unter anderen von Joseph Gersbach und Heinrich Frankenberger.
(Sängermuseum Erlangen)

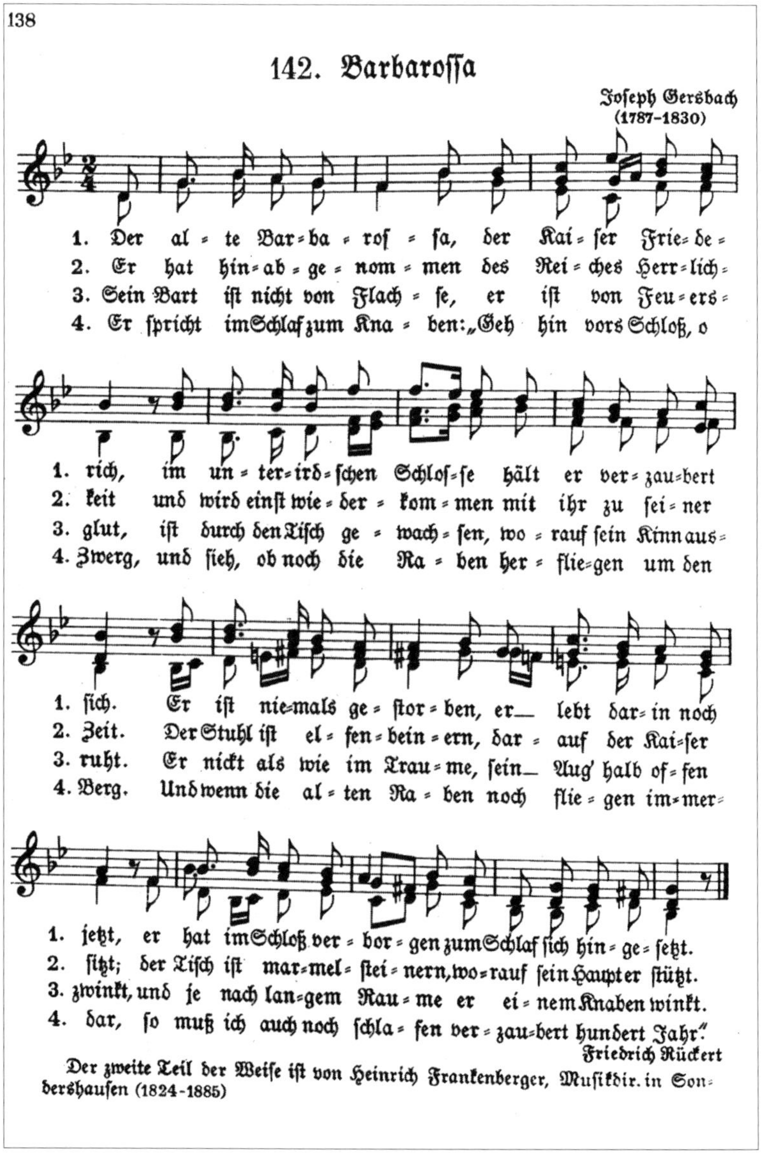

Kaiser Friedrich Barbarossa

Der alte Barbarosse,
Der Kaiser Friedrich,
Im unterirdschen Schlosse
Hält er verzaubert sich.

Er ist niemals gestorben,
Er lebt darin noch jetzt;
Er hat im Schloß verborgen
Zum Schlaf sich hingesetzt.

Er hat hinabgenommen
Des Reiches Herrlichkeit,
Und wird einst wiederkommen,
Mit ihr, zu seiner Zeit.

Der Stuhl ist elfenbeinern,
Darauf der Kaiser sitzt:
Der Tisch ist marmelsteinern,
Worauf sein Haupt er stützt.

Sein Bart ist nicht von Flachse,
Er ist von Feuersglut,
Ist durch den Tisch gewachsen,
Worauf sein Kinn ausruht.

Er nickt als wie im Traume,
Sein Aug' halb offen zwinkt;
Und je nach langem Raume
Er einen Knaben winkt.

Er spricht im Schlaf zum Knaben:
Geh hin vors Schloß, o Zwerg,
Und sieh, ob noch die Raben
Herfliegen um den Berg.

Und wann die alten Raben
Noch fliegen immerdar,
So muß ich auch noch schlafen,
Verzaubert hundert Jahr

Friedrich Rückert, 1817

Auf dem Titelblatt einer Liedersammlung (um 1850) aus Augsburg sitzt unten rechts der schlafende Barbarossa. Hinter seiner rechten Hand, die seinen Kopf stützt, weitet sich die Landschaft, und man sieht in der Ferne den Barbarossaturm, um den die Raben flattern. Ihm gegenüber sitzt Germania und erwartet sein Erwachen. In der oberen Bildhälfte versammeln sich Augsburger und Würzburger Sänger um die Muse des Gesangs.
(Sängermuseum Erlangen)

Die deutsche Kaiserfahrt

Kaiserstolz und Majestät
Zogen mit geschwinden Sohlen,
Wir fürs Deutsche Reich zu holen,
Wovon neue Sage geht.

Klang und Sage überall,
So weit deutsche Zungen klingen:
Einen Kaiser heimzubringen
Rief der Völker Jubelschall.

Ach, wie sollten Dorn und Stein
An der Wandrer Sohlen reißen!
Zu den Glanzen, die nur gleißen,
Warf man unsern Kaiserschein.

Kaiserschein, du höchster Schein,
Bleibst du denn in Staub begraben?
Schrein umsonst Prophetenraben
Um den Barbarossastein?

Nein! und nein und aber nein!
Nein! Kyffhäusers Fels wird springen,
Durch die Lande wird es klingen:
Frankfurt holt den Kaiser ein

Ernst Moritz Arndt, 1849

Friedrich Rothbart

Tief im Schooße des Kyffhäusers
Bei der Ampel rothem Schein
Sitzt der alte Kaiser Friedrich
An dem Tisch von Marmorstein.

Ihn umwallt der Purpurmantel,
Ihn umfängt der Rüstung Pracht,
Doch auf seinen Augenwimpern
Liegt des Schlafes tiefe Nacht.

Vorgesunken ruht das Antlitz,
Drin sich Ernst und Milde paart;
Durch den Marmortisch gewachsen
Ist sein langer goldner Bart.

Rings wie eh'rne Bilder stehen
Seine Ritter um ihn her,
Harnischglänzend, schwertumgürtet,
Aber tief im Schlaf, wie er.

Heinrich auch, der Ofterdinger,
Ist in ihrer stummen Schar,
Mit den liederreichen Lippen,
Mit dem blondgelockten Haar.

Seine Harfe ruht dem Sänger
In der Linken ohne Klang;
Doch auf seiner hohen Stirne
Schläft ein künftiger Gesang.

Alles schweigt, nur hin und wieder
Fällt ein Tropfen vom Gestein,
Bis der große Morgen plötzlich
Bricht mit Feuersglut herein;

Bis der Adler stolzen Fluges
Um des Berges Gipfel zieht,
Daß vor seines Fittichs Rauschen
Dort der Rabenschwarm entflieht.

Aber dann wie ferner Donner
Rollt es durch den Berg herauf,
Und der Kaiser greift zum Schwerte,
Und die Ritter wachen auf.

Laut in seinen Angeln dröhnend
Thut sich auf das eh'rne Tor;
Barbarossa mit den Seinen
Steigt im Waffenschmuck empor.

Auf dem Helm trägt er die Krone
Und den Sieg in seiner Hand;
Schwerter blitzen, Harfen klingen,
Wo er schreitet durch das Land.

Und dem alten Kaiser beugen
Sich die Völker allzugleich
Und aufs Neu zu Aachen gründet
Er das heil'ge deutsche Reich.

Emanuel Geibel, 1850

Das Schmuckblatt einer Notensammlung aus dem Jahre 1845 weist auf die patriotische Gesinnung der deutschen Gesangsvereine hin. Unter der Erde bemüht sich ein Harfenspieler, den schlafenden Barbarossa aufzuwecken. Der Junge, der nachsehen soll, ob die Zeit reif ist, springt schon in Richtung Erdoberfläche. Dort stehen die Sänger mit ihren Fahnen und zeigen an, daß die Zeit für Barbarossas Erwachen gekommen ist. Über allem schwebt jubelnd die Muse des Gesangs. *(Sängermuseum Erlangen)*

Erfüllung

Ihr kennt vom alten Kaiser
Die Sage wunderbar,
Wie er tief im Kyffhäuser
Schläft schon viel hundert Jahr,
Und wie er soll erwachen
Dereinst zu blutigem Streit
Und tödten wird den Drachen,
Der Deutschland lang entzweit.

Wenn dann die Donnerwolke
Des Kampfes sich zerstreut,
Dann wird dem deutschen Volke
Erstehn die goldne Zeit.
Dann wird ob deutschem Lande
Ein ew'ger Friede blau'n,
Und frommer Eintracht Bande
Umschlingen alle Gau'n.

Was mit Prophetenahnung
Die Alten so geschaut,
Und was zu steter Mahnung
Die Sänger uns vertraut:
Das soll uns Nachgebor'nen
Heut in Erfüllung gehn,
Wir sind die Gotterkor'nen,
Die es vollendet sehn!

Schon ist dem Berg entstiegen
Der alte graue Held,
Schon zieht von Sieg zu Siegen
Er über welsches Feld,
Schon krümmt die alte Schlange
Sich unter seinem Fuß,
Die bald im letzten Gange
Der Held zerschmettern muß.

Heil Dir, im weißen Barte,
Du jugendlicher Greis!
Um deine Siegstandarte
Schlingt sich der höchste Preis!
Es geht in dem Kyffhäuser
Held Friedrich nun zur Ruh' –
Sein Erb' als deutscher Kaiser
Bist König Wilhelm du!

Franz Jahn 1870
Sonder-Beiblatt zur „Parole" vom 3. Juli 1896

Der Krieger Kyffhäuser-Lied

Von steiler Höhe Felsenwand,
Vom schönsten Berg im deutschen Land
Ragt weithin in die goldne Au
Ein selten schöner, stolzer Bau,
Ein Riesenwerk wie keins ihm gleich
In unserm großen deutschen Reich,
Ein Meisterwerk zu Deutschlands Ehr und Ruhm
Der deutschen Krieger stolzes Heiligtum.

In der historisierenden Ausgestaltung des Goslaer Pfalz reitet Kaiser Wilhelm I. vor dem Kronprinzen Friedrich. Sein weißer Backenbart trug ihm den Beinamen „Weißbart" ein, eine Anspielung darauf, daß er den Traum des „Rotbarts" (Kaiser Barbarossa), erfüllen würde.

Zur That ward der Kyffhäusertraum,
Ein Denkmal steht am Waldessaum,
Ein Friedenswerk von Kriegerhand,
Ein neues, starkes Liebesband,
Ein sichtbar Zeichen aller Welt
Wie Deutschland fest zusammenhält;
Ein Mann, im Frieden wie in Krieg und Noth
In Einigkeit, getreu bis in den Tod.

In des Kyffhäuserberges Schooß,
Im tiefen unterirdschen Schloß
Schlief Kaiser Rothbart manches Jahr,
Mit ihm der deutsche Kaiseraar.
Als aber Nord und Süd, vereint,
Gemeinsam schlug den wälschen Feind,
Da drang mit Allgewalt die Wacht am Rhein
Auch in des Berges Tiefen brausend ein.

Das brach des Zaubers finstre Macht,
Es stieg empor aus Berges Nacht
Ein Kaiser, silberweiß das Haar,
Das Herz noch jung, das Auge klar.
Ein Heldengreis voll Kraft und Muth,
Ein Landesvater mild und gut.
So lebt bei uns, im Geist in Bild und Wort,
Der erste deutsche Kaiser ewig fort.

Groß wie des Denkmals Riesenbau,
Rein wie des Himmels Azurblau,
Stark wie des Berges Felsgestein
Soll unsre Lieb und Treue sein;
Wir stehn wie der Kyffhäuserthurm
Im Frieden wie in Kriegessturm
Stets fest, mit Gut und Blut mit Herz und Hand
Zu unserem Kaiser und zum Vaterland!

Ernst Zörner, *„Parole“ 1896, S. 240*

Des großen Kaisers Denkmal auf dem Kyffhäuser

Auf dem Gebirge stand in alten Zeiten
ein weltbekanntes Deutsches Kaiserschloß;
viel mächt'ge Fürsten sah man aufwärts reiten,
viel Ritter und der Knappen ries'gen Troß.

Die stolzen Zinnen liegen längst darnieder,
vereinsamt steht ein morscher grauer Thurm,
durch der Kapelle Bogen heulet wieder,
wie endlos klagend, jetzt der Frühlingssturm.

Und tief im Bergesschooße ruht ein Kaiser,
der, Wilhelm gleich, des Volkes Liebling war,
der, sowie er ein Held war und ein Weiser,
der Kaiser Rothbart schon manch langes Jahr.

Dort muß dem Kaiser Silberbart erstehen
ein Denkmal, schön, wie keines noch erstand,
umringt von seinen Helden wird er sehen
im Kaiserschmuck hinaus ins Deutsche Land!

Verfasser unbekannt, vermutlich um 1888 entstanden

Das Tor der Unterburg gibt, wie die ganze noch erhaltene Anlage, einen guten Eindruck von der beeindrukkenden mittelalterlichen Kaiserburg Kyffhausen. Unter diesen Mauern befand sich im Inneren des Berges dem Volksmund nach das unterirdische Schloß Kaiser Barbarossas.

Aus „Deutschland, ein Wintermärchen“

(Heine träumt, daß er Barbarossa im Kyffhäuser besucht.)
...Ging wieder schwatzend mit ihm herum
Durch alle die hallenden Säle;
Er frug mich dies, er frug mich das,
Verlangte, daß ich erzähle.

...‚Herr Rotbart!‘ – rief ich laut – ‚du bist
Ein altes Fabelwesen,
Geh, leg dich schlafen, wir werden uns
Auch ohne dich erlösen.

Die Republikaner lachen uns aus,
Sehn sie an unserer Spitze
So ein Gespenst mit Zepter und Kron’;
Sie rissen schlechte Witze.

Auch Deine Fahne gefällt mir nicht mehr,
Die altdeutschen Narren verdarben
Mir schon in der Burschenschaft die Lust
an den schwarz-rot-goldenen Farben.

Das beste wäre, du bliebest zu Haus,
Hier in dem alten Kyffhäuser –
Bedenk’ ich die Sache ganz genau,
So brauchen wir gar keinen Kaiser.‘

...‚Verzeih mir, o Rotbart, das rasche Wort!
Ich weiß, du bist viel weiser
Als ich, ich habe so wenig Geduld –
Doch komme du bald, mein Kaiser!

... Das alte heilige römische Reich,
Stell’s wieder her, das ganze,
Gib uns den modrigsten Plunder zurück
Mit allem Firlefanze.

Das Mittelalter immerhin,
Das wahre, wie es gewesen,
Ich will es ertragen – erlöse uns nur
Von jenem Zwitterwesen,

Von jenem Kamaschenrittertum,
Das ekelhaft ein Gemisch ist,
von gotischem Wahn und modernem Lug,
Das weder Fleisch noch Fisch ist.

Jag fort das Komödiantenpack,
Und schließe die Schauspielhäuser,
Wo man die Vorzeit parodiert –
Komme du bald, o Kaiser.‘

Heinrich Heine, 1844

Nicht nur Heine, auch der Kladderadatsch nahm sich des Barbarossa-Themas satirisch an: Die 1871 entstandene Zeichnung zeigt Kaiser Barbarossa mit seinen Raben unter dem Arm, wie er das unterirdische Schloß abschließt „wegen Geschäftsaufgabe“. Da Kaiser Wilhelm I. seine Nachfolge angetreten hat, kann er sich zur Ruhe setzen.
(Damals Archiv)

Der Schwabenkaiser

Ein Schwab' und nicht ein Preuße war
Als Kaiser uns versprochen,
Wir pflegen schon sechshundert Jahr'
Auf diesen Mann zu pochen.

Der Dichter sucht von Zeit zu Zeit
Ihn aus dem Schlaf zu pfeifen;
Nie weiß er die Gelegenheit,
Der Kaiser, zu ergreifen .

O sprich, mein heimatlich Genie,
Wann wirst du einmal fertig?
Vor Zukunftsträumen siehst du nie,
Was not tut gegenwärtig.

Wach' auf, wach' auf, 's ist heller Tag!
Hervor aus deiner Kammer.
Und ende keck mit einem Schlag
den deutschen Katzenjammer!

Sechshundert Jahr zu harren dein,
war leeres Stroh gedroschen;
Ich geh' zum Nationalverein
Mit dreißig Silbergroschen.

Ich will mir einen neuen Herrn
Statt meines alten kaufen;
Zum Kaiser hab' ich grad' so gern
Die Zollern, wie die Staufen

Georg Herwegh 1867

Anmerkungen

[1]Gründungsstatuten der Wangeriner füsiliere, zit. nach Fischer: Redemanuskript, Seite 2, vom 1.6.1991; [2]ebd. S. 3; [3]ebd. S. 4; [4]Reinhard: Erinnerungen, N 691/16 S. 4; [5]ebd.; [6]„Parole“ vom 16. März 1888, zit. nach Schulz-Luckau: Soldaten ..., S. 37; [7]Reinhard: Erinnerungen, N 691/16 S. 4; [8]„Parole“ vom 6. August 1882, zit. nach Fischer: Redemanuskript vom 1. 1. 1991; [9]Schulz-Luckau: Soldatentum... 1936, S. 49; [10]ebd.; [11]ebd. S. 50; [12]ebd.; [13]ebd. S. 53; [14]ebd. S. 56 f., gekürzt zitiert; [15]ebd. S. 57; [16]Rosinski: die deutsche Armee, S. 133; [17]ebd. S. 153; [18]ebd. S. 170 f., gekürzt zitiert; [19]Schulz-Luckau: Soldatentum... 1936, S. 65, gekürzt zitiert; [20]Neujahrskundgebung 1926, zit. nach: von Heeringen: An die ... Kriegervereine, S. 43; [21]Vom Sinn der Kriegervereine. 1927. S. 8, gekürzt zitiert; [22]ebd. S. 24, gekürzt zitiert; [23]Vertretertagung des Kyffhäuserbundes, September 1921, zit. nach: von Heeringen: An die ... Kriegervereine, S. 31 f.; [24]Neujahrskundgebung 1922, zit. nach: Von Heeringen: An die ... Kriegervereine, S. 43; [25]Ich folge hier der Argumentation des Handbuchs für Staatsrecht, Hg. von Josef Isensee, Bd.I: S. 150; [26]Fest: Staatsstreich, S. 325, gekürzt zitiert; [27]ebd. S. 328; [28]Anmerkung: Reinhard bezieht sich auf die Erschießungen nach dem sogenannten Röhm-Putsch; [29]Reinhard: Erinnerungen N 691/19 S. 17; [30]ebd.; [31]Fest: Staatsstreich, S. 339; [32]Handbuch für Staatsrecht. Bd. I, S.147; [33]Reinhard: Erinnerungen N 691/10; [34]Schulz-Luckau: Soldatentum... 1936; [35]Reinhard: Erinnerungen N 691/16, S. 7; [36]Schulz-Luckau: Soldatentum..., S. 84; [37]Reinhard: Erinnerungen N 691/16, S. 17; [38]Schulz-Luckau: Soldantentum... , S. 88; [39]Kyffhäuser Archiv: Unveröffentlichter Brief des Bezirks Köln vom 8.10.1933; [40]Kyffhäuser Archiv: Unveröffentlichter Brief von Christian Börder, Oberrieber, vom 14.7.1933, gekürzt zitiert; [41]Schulz-Luckau: Soldatentum..., S. 94; [42]Reinhard: Erinnerungen N 691/16, S. 7, gekürzt zitiert; [43]ebd.; [44]ebd.; [45]ebd.; [46]Reinhard: Erinnerungen N 691/16, S. 8; [47]ebd. S. 9, gekürzt zitiert; [48]ebd. S. 10; [49]ebd. S. 14; [50]ebd. S. 20; [51]ebd. S. 19; [52]ebd. S. 16; [53]ebd. S. 22; [54]ebd.; [55]ebd.; [56]Heeres Verodnungsblatt vom 16. März 1938, O. K. H., 10.3.1938, - 15g10.10-Abt.E(VI). Bundesarchiv, Koblenz: RK 5707 B, 3t; [57]ebd.; [58]ebd.; [59]Reichskriegertag 1937, S.25; [60]ebd. S. 5, gekürzt zitiert; [61]ebd. S. 7.; [62]Der Montag, 27. Juni 1937; [63]Reinhard: Erinnerungen N 691/18, S. 58 ff; [64]ebd. S. 59; [65]ebd.; [66]ebd. S. 60; [67]ebd. S. 61; [68]Reinhard: Erinnerungen N 691/19 S. 70 ff, gekürzt zitiert; [69]zit. nach: Reinhard: Erinnerungen N 691/19 S. 76; [70]ebd. ; [71]ebd. S. 77; [72]Anmerkung: Näheres ist nachzulesen bei H. A. Winkler: „Dolchstoß – eine Legende!“; [73]Reinhard: Erinnerungen N 691/19 S. 78 f., gekürzt zitiert; [74]NS-Reichskriegerbund: „An alle Kriegskameraden...“, Brief vom 1.5.1943, Anlage zu Seite 79 in: Reinhard: Erinnerungen N 691/19; [75]Müller: Kyffhäuser. 1955, zit. nach Friz: Wo Barbarossa schläft... S. 192; [76]ebd. S. 193; [77]Reinhard: Ansprache am 8.1.1953, unveröffentlichtes Manuskript, S. 8; [78]ebd.; [79]ebd., S. 11; [80]Kyffhäuserarchiv: Fischer: Redemanuskript vom1.6.1991; [81]ebd.; [82]Kyffhäuserbund e.V. – ein Volksbund. Geschichte und Leitzsätze, Der Kyffhäuserbund heute. Broschüre o. J., etwa 1990, S. 17; [83]ebd.; [84]Zimmermann: Der feste Wall... 1989, S. 483; [85]Arndt: Kyffhäuser-Denkmal. 1978. S. 77; [86]ebd. S. 78; [87]ebd. S. 111; [88]ebd. S. 121, gekürzt zitiert; [89]Arndt: Kyffhäuser-Führer... S. 10; [90]ebd. S. 12; [91]ebd. S. 19; [92]ebd. ; [93]ebd. S. 23; [94]ebd.; [95]„Das Kaiser Wilhelm Denkmal ... zur Erinnerung an die festliche Enthüllung, S. 16; [96]Manuskript vom 4. 5. 1896; [97]ebd., gekürzt zitiert; [98]Programm für die Einweihungsfeier..., 1896, Sonderdruck, 1 Seite, Berlin: Rubisch 1896.; [99]Das Kaiser Wilhelm Denkmal ... zu Erinnerung an diefestliche Enthüllung, S. 16 ff; [100]Anmerkung: Datum des Baubeginns; [101]Reinhard: Erinnerungen, N 691/17, S. 24 f; [102]ebd. S. 25; [103]Hosaeus: Der granitene Hindenburg, Aufsatz. Nur als Fotokopie vorhanden, daher Quelle unbekannt. S. 32.; [104]ebd. S. 26; [105]Reinhard: Erinnerungen N 691/17 S. 22, gekürzt zitiert; [106]Edel, Ingrid: Die Aufgabe der Frau im Kyffhäuserbund. In: Kyffhäuser, 1896/3, S. 13.

Zeittafel

1786 Todesjahr Friedrichs des Großen und Gründungsjahr des Kyffhäuserbundes
1806 Preußen unterliegt bei Jena und Auerstedt gegen Frankreich unter Napoleon I.
1813 Preußen beschließt die Landwehr-Verordnung
1813 (16.–19. Oktober) In der Völkerschlacht bei Leipzig unterliegt Napoleon gegen Preußen und seine europäischen Verbündeten
1815 (18. Juni) In der Schlacht bei Belle-Alliance oder Waterloo wird Napoleon I. endgültig besiegt. Europa wird neu geordnet
1816/1817 Friedrich Rückerts Gedicht „Kaiser Friedrich Barbarossa“ entsteht
1840 Einführung der allgemeinen Wehrpflicht in Preußen
1842 (22. Februar) Durch Kabinettsordre werden die Kriegervereine gesetztlich anerkannt.
1848 Märzrevolution in Deutschland
1870 Beginn des Deutsch-Französischen Krieges, der in Deutschland auch „Einigungskrieg“ genannt wird
1871 (18. Januar) Kaiserproklamation in Versailles
1871 (10. Mai) Der Frankfurter Friede beendet den Deutsch-Französischen Krieg
1871 (18. Juni) Kaiser Wilhelm I. zieht triumphal in Berlin ein
1872 Gründung des Deutschen Kriegerbundes
1881 (24. August) Aus dem Deutschen Kriegerbund entsteht die Deutsche Krieger-Wohlfahrts-Gemeinschaft
1882 (6. August) erfolgreicher Aufruf in der „Parole“, Geld für ein Waisenhaus zu spenden
1884 Das erste Kriegerwaisenhaus wird in Betrieb genommen
1888 (9. März) Tod Kaiser Wilhelms I.
1888 (22. März) Aufruf des deutschen Kriegerbundes, dem Kaiser ein Denkmal zu errichten
1889 (Oktober) Preissausschreiben für das Denkmal
1890 (25. August) Baubeginn des Denkmals
1892 Gründung des Ständigen Bauauschusses der vereinten deutschen Kriegerverbände für die Verwaltung des Kaiser-Wilhelm-Denkmals auf dem Kyffhäuser

1892 (10. Mai) Grundsteinlegung am Kyffhäuserdenkmal
1896 (18. Juni) Einweihung des Kyffhäuserdenkmals
und Gründung des Jugendbundes Kyffhäuser
1900 Gründung des Kyffhäuserbundes der deutschen Kriegerlandesverbände als Dachverband aller Kriegervereine
1914–1918 Erster Weltkrieg
1919 Gründung der Reichswehr
1919 Hindenburg wird Ehrenpräsident des Kyffhäuserbundes
1921 Umbenennung des Bundes in Deutscher Reichskriegerbund Kyffhäuser
1921 Feier zum 25jährigen Jubiläum des Denkmals
1925 Hindenburg wird Reichspräsident
1930 Auflösung des Reichstags, Brünning regiert mit Notverordnungen
1932 Hindenburg und Hitler kandidieren für die Wahl des Reichspräsidenten. Der Kyffhäuserbund unterstützt Hindenburg. Hitler verliert die Wahl
1933 (30. Januar) Hindenburg beruft Hitler zum Reichskanzler
1933 (23. März) Ermächtigungsgesetz
1933 (im Mai) Hitler übernimmt die alleinige Macht
1933 (26. Mai) Die KPD löst sich auf
1933 Die Kyffhäuserjugend wird zwangsaufgelöst. Der Kyffhäuserbund übernimmt die Fahne der Jugendorganisation als neue Bundesfahne
1933 Die Kriegsopfer des Kyffhäuserbundes werden zwangsweise an den NSKOV (Nationalsozialistischen Kriegsopferverband) angeschlossen
1933 Die liberalen Parteien lösen sich auf
1933 (5. Juli) Das Zentrum löst sich auf
1933 (14. Juli) Die SPD löst sich auf. Die NSDAP ist die einzige zugelassene Partei
1933 (1. Dezember) Gesetz zur Sicherung der Einheit von Partei und Staat
1933 Hitler erklärt den Reichskriegerbund zur SA-Reserve II
1934 (im Januar) Der Präsident des Kyffäuserbundes General von Horn stirbt, General Reinhard wird sein Nachfolger
1934 (1. April) Hitler versucht, den Reichskriegerbund aufzulösen

1934 (Sommer) Reinhard beginnt mit Ausgrabungsarbeiten auf dem Kyffhäuser
1934 (30. Juni) Röhm-Putsch
1935 (9. November) Ausscheiden des Reichskriegerbundes aus der SA
1935 (6.–8. Juli) 5. Reichskriegertag in Kassel
1935 Gründung der Wehrmacht (ersetzt die Reichswehr)
1935 Der Kyffhäuserbund übernimmt das Hakenkreuz
1937 (19. Januar) Der Reichskriegerbund wird der SS unterstellt
1937 (22.–23. Mai) 6. Reichskriegertag in Kassel
1937 (im Herbst) Einweihung des Hindenburgdenkmals auf dem Kyffhäuser
1938 (4. März) Hitler unterstellt den Reichskriegerbund seinem persönlichen Befehl
1939 (2.–5. Juni) Großdeutscher Reichskriegertag in Kassel
1939 (1. September) Beginn des Zweiten Weltkriegs
1943 (3. März) Verbot des Reichskriegerbundes Kyffhäuser durch Hitler
1943 Gründung der Kyffhäuserstiftung
1945 (8. Mai) Deutschland kapituliert bedingungslos. Ende des Zweiten Weltkriegs
1952 (September) Neugründung des „Kyffhäuserbundes – Bund ehemaliger Wehrmachtsangehöriger und Kriegsteilnehmer, ihrer Angehörigen und Hinterbliebenen“
1961 Umbenennung in „Deutscher Soldatenbund Kyffhäuser e. V.“
1977 Umbenennung in „Kyffhäuserbund“
1990 (3. Oktober) Deutsche Wiedervereinigung
1996 (18. Juni) 100jähriges Jubiläum der Denkmalseinweihung.

Verwendete Literatur

Handgeschriebenes Manuskript „In Betreff der am 18. Juni d. J. 12 Uhr Mittags stattfindenden Einweihungsfeier des Kyffhäuser Denkmals wird Folgendes bestimmt...“, Magdeburg, den 4. Mai 1896. Zu den Blättern geheftet ein Zeitungssonderdruck „Die Einweihungsfeier des Kaiser Wilhelm-Denkmals auf dem Kyffhäuser am 18. Juni 1896“ ohne Quellenangabe.

„Alte Kameraden“. Unabhängige Zeitschrift deutscher Soldaten..., Stuttgart: 1995, Heft Nr. 12.

Berger: Brief an den Reichsführer SS vom 2.7.1941. Staatsarchiv Nürnberg NO 29.

Deutscher Reichskriegerbund „Kyffhäuser“, Deutsche Krieger-Wohlfahrtsgemeinschaft. Deutsche Krieger Fechtanstalt. Geschäftsbericht, 1933.

Landesverband Hessen des Deutschen Reichskriegerbundes (Hg.): 5. Deutscher Reichskriegertag Kassel. 6.–8. Juli 1935. Festbuch. Kassel, 1935.

Deutscher Reichskriegerbund (Kyffhäuserbund) e. V.: Reichskriegertag Kassel 1937. Berlin: Kyffhäuser Verlag, 1937.

Fätkenhauser, Frida: Erinnerungen, unveröffentlichte Briefsammlung, 1993, im Archiv des Kyffhäuserbundes.

Großdeutscher Reichskriegertag 1939 in Kassel vom 2.–5. Juni. (ohne weitere Angaben. Offensichtlich touristische Festschrift des KB)

Großdeutscher Reichskriegertag 1939. Berlin: Kyffhäuser 1939. Text- und Bildgestaltung: Fritz Ergenzinger und Werner Schulz.

Hosaeus, Hermann: „Der granitene Hindenburg.“ Das Denkmal des Feldmarschalls auf dem Kyffhäuser. Aufsatz. Nur als Fotokopie vorhanden, daher Quelle unbekannt. Vermutlich nach 1938.

Heeringen, Generaloberst von: „An die deutschen Kriegervereine.“ Aus dem geistigen Vermächtnis unseres heimgegangenen Führers. Berlin: Kyffhäuser, o. J.

Jahrbuch des Deutschen Kriegerbundes 1913. Berlin, 1913

„Kameraden“. Ein Bildbuch vom NS-Reichskriegerbund. Text und Bildgestaltung: Fritz Ergenzinger. Hg. von der Propaganda-Abteilung des NS-Reichskriegerbundes, 1940.

König, Josef: „Kyffhäuser im Spiegel der Presse". Fotokopiensammlung, 1993.

„Kyffhäuser". Zeitschrift des Kyffhäuserbundes. Jahrgänge 1985, 1986, 1989, 1990, 1991, 1992.

Kyffhäuserbund: „Rückübertragung von Vermögenswerten" (1957–1995), unveröffentlichte Akte.

Kyffhäuser-Jahrbuch der Deutschen Krieger-Wohlfahrtsgemeinschaft. Kalender für 1935. 58. Jg. Berlin: Kyffhäuser Verlag.

Nachschlagewerk des Deutschen Reichskriegerbundes (Kyffhäuserbund) zum 150jährigen Bestehen. 1936.

Niederschrift über die Verhandlungen der 40. Hauptversammlung der Deutschen Krieger-Wohlfahrtsgemeinschaft..., Berlin 1927.

Reinhard, Wilhelm: „Erinnerungen". Unveröffentlichtes Manuskript. Bundesarchiv-Militärarchiv. N 691/16, 691/17, 691/18, 691/19.

Reinhard, Wilhelm: Ansprache des Präsidenten des Kyffhäuserbundes e. V., Herrn General d. Inf. a. D. Reinhard am 8.2.1953. Unveröffentlichtes Manuskript. Archiv des Kyffhäuserbundes.

Riebicke, Otto (Hg.): Generaloberst von Heeringen an die deutschen Kriegervereine. Aus dem geistigen Vermächtnis unseres heimgegangenen Führers. Berlin: Kyffhäuser Verlag. O. J. (nach 1926).

Riebicke, Otto (Hg): Jahrbuch des Deutschen Kriegerbundes. Kalender für 1931. 54. Jg. Berlin: Kyffhäuser Verlag.

Schulz-Luckau, Karl: „Soldatentum und Kameradschaft". Anderthalb Jahrhunderte Deutscher Reichskriegerbund. Berlin: Kyffhäuser, 1936

„Vom Sinn der Kriegervereine". Broschüre. Berlin: Kyffhäuser Verlag, 1927.

1873–1973: 100 Jahre Soldatenbund Kyffhäuser Kameradschaft Homberg. Broschüre, 1973.

Darstellungen:

Arendt, Dieter: „Barbarossa im Kyffhäuser". Der literarische Traum vom „geheimen Deutschland". In: „Damals", Zeitschrift für geschichtliches Wissen, Heft 7 und 8, 1982.

Arndt, Monika: „Das Kyffhäuser-Denkmal" – ein Führer. Göttingen: Goltze, 1996, 2. Auflage. (1996)
Arndt, Monika: „Das Kyffhäuser-Denkmal" – Ein Beitrag zur politischen Ikonographie des Zweiten Kaiserreiches. In: Wallraf-Richartz-Jahrbuch, Bd. XL, 1978.
Arndt, Monika: „Der Weißbart auf des Rotbarts Throne", Mittelalterliches und Preußisches Kaisertum in den Wandbildern des Goslarer Kaiserhauses. Göttingen: Goltze, 1977.
Bracher, Karl Dietrich: „Zusammenbruch des Versailler Systems und Zweiter Weltkrieg". In: Golo Mann (Hg): Propyläen Weltgeschichte. Bd. 9, Berlin: Propyläen, 1986.
„Das Kaiser Wilhelm Denkmal auf dem Kyffhäuser" – zur Erinnerung an die feierliche Enthüllung am 18. Juni 1896. Magdeburg: Gutenberg, vermutlich 1896.
Friz, Diana Maria: „Wo Barbarossa schläft – der Kyffhäuser". Der Traum vom deutschen Reich. Weinheim: Beltz, 1991."
Hesmer, Karl-Heinz: „Flaggen, Wappen, Daten. Die Staaten der Erde von A bis Z". Gütersloh, Bertelsmann Lexikon Verlag, 1975.
Isensee, Josef und Kirchhof, Paul (Hrsg.): „Handbuch des Staatsrechts der Bundesrepublik Deutschland". Band I, Grundlagen von Staat und Verfassung. Heidelberg: C. F. Müller Juristischer Verlag, 1987.
Kittel, Paul (Hg.): „Deutschlands Ruhmeshalle in Wort und Bild im 19.Jahrhundert". Berlin: Kittel o. J.
Körber, Hans (Hrsg.): „Soldat im Volk". Eine Chronik des Verbandes deutscher Soldaten. Schriftenreihe Verbände der Bundesrepublik Deutschland, Bd.16. Wiesbaden: Wirtschaftsverlag, 1989.
Lammel, Gisold: Adolph Menzel. „Friederiziana und Wilhelmiana". Dresden: VEB, 1988.
Marcks, Erich: „Paul von Hindenburg als Mensch, Staatsmann, Feldherr". Berlin: Verlagsanstalt Otto Stollenberg o. J.
Müller, Horst: „Der Kyffhäuser". Edition Leipzig. O. J. (nach 1990)
Müller, Horst: „Der Kyffhäuser, eine gesellschaftspolitische und kulturpolitische Betrachtung". Artern, 1955.
Nimmergut, Jörg; Hormann, Jörg: „Deutsche Militaria 1808 bis 1945". München, Heyne, 1982.

Rosinski, Herbert: „Die Deutsche Armee. Vom Triumph zur Niederlage". Hg. und eingeleitet von Gordon A. Craig. Einleitung für die deutsche Ausgabe von Carl Hans Hermann. München, Heyne, 1977.
Schoch, Rainer: „Das Herrscherbild in der Malerei des 19. Jahrhunderts". Studien zur Kunst des neunzehnten Jahrhunderts. Bd. 25. Reutlingen, 1975.
Transfeldt, Walter: „Wort und Brauchtum des Soldaten". Geschichtliche und sprachliche Betrachtung über Gebräuche, Begriffe und Bezeichnungen des deutschen Heeres in Vergangenheit und Gegenwart. Hamburg: Hg. Schulz, 5. Aufl. 1959.
Zimmermann, Harm-Peer: „Der feste Wall gegen die rote Flut". Kriegervereine in Schleswig-Holstein 1864–1914. Studien zur Volkskunde und Kulturgeschichte Schleswig-Holsteins. Band. 22, Neumünster: Wachholtz, 1989.
Zunkel, Thomas (Hg.): Nordthüringer Heimatbilder. Kyffhäuser, Sonderhausen, Bad Frankenhausen, Artern, 1990.

Der Kyffhäuserberg mit dem Denkmal Kaiser Wilhelms I. symbolisiert deutsche Geschichte aus zwei Epochen: dem mittelalterlichen und dem Zweiten Deutschen Kaiserreich. Nach 1945 schuf die damalige DDR das Bauernkriegspanorama in Bad Frankenhausen als Gegengewicht gegen das ungeliebte Denkmal. Geschichte und Geschichten ranken sich um den Kyffhäuser: den Berg, die alte Burg, das Denkmal und die Menschen darum herum. Wer darüber mehr wissen will, dem sei dieses Buch empfohlen.

Kenntnisreich und detailliert führt Monika Arndt in die Geschichte und Kunstgeschichte des Kaiser-Wilhelm-Denkmals ein. Dem heutigen Betrachter, der die Bildersprache dieser Zeit nicht mehr kennt, wird das Denkmal auch in seinen Einzelheiten so nahegebracht, daß er versteht, wie es auf seine Zeitgenossen wirkte und warum es eine so große Wirkung hatte.